Cultura de Honor

Manteniendo Un Entorno Sobrenatural

DANNY SILK

ISBN 10: 0-9833-8952-7

ISBN 13: 978-0-9833895-2-1

Traduccion al castellano: Marta Merino Mateos
Revision: Angel Nava R.

Para ordenar más que libros o para aprender más acerca de otros libros y recursos por el autor, visita por favor www.lovingonpurpose.com

Impreso en Estados Unidos de América

DEDICATORIA

A la Iglesia Bethel: gracias por el inagotable esfuerzo y la participación en este grandioso experimento llamado "Bethel".

AGRADECIMIENTOS

Bill Johnson y Kris Vallotton – ¡gracias por un liderazgo valiente!

Equipo de Gestión de Bethel – son los "expertos" que lograron que esto funcionase. Es un honor perpetuo trabajar a su lado.

Allison Armerding – nunca dejas de sorprenderme con tu vida de honor hacia los demás. ¡Gracias por dirigirla hacia mí!

Dann Farrelly y Andre Van Mol – siempre estaré en deuda por su aportación.

RECONOCIMIENTOS

Dios está restaurando la mentalidad del Reino a la iglesia y los que "la capten" se moverán bajo el bendito orden del gobierno de Dios. Este libro es tanto una indicación de este proceso como una aclaración del asunto estratégico del honor y su relación con la manera en la que los cristianos actúan en la iglesia. El capítulo 2, titulado "EL Embudo del Cielo", es de obligatoria lectura para aquellos que no sólo se están preguntando por qué el ministerio quíntuple no está funcionando como esperaban, sino también para aquéllos que no han considerado seriamente este enfoque de la vida de la iglesia. La contribución de Danny a la Iglesia del Reino nos ayudará a navegar juntos por esta aventura de la vida del Reino.

Jack Taylor
Presidente de Dimensions Ministries
Melbourne, Florida

En este libro, Cultura de Honor, Danny Silk saca a la luz los fundamentos antiguos del Reino de Dios. Con gran sabiduría y revelación examina y explica los bloques fundamentales necesarios para edificar una sociedad sobrenatural y construye el marco para una vida cristiana poderosa. Esto es más que un libro; es un manifiesto de reforma que se convertirá en un clásico de referencia para las generaciones venideras. Cada creyente serio debe leer Cultura de Honor. ¡Es esencial que este libro se abra camino en cada seminario en los Estados Unidos!

Kris Vallotton
Pastor Principal Asociado de la Iglesia Bethel,
Redding, California
Autor de varios libros que incluyen
De Mendigo a Príncipe y
Desarrollando un Estilo de Vida Sobrenatural

El pastor Danny Silk ha escrito un maravilloso libro en el que comparte uno de los valores fundamentales de la iglesia Bethel en Redding, California, clave para el avivamiento que Bethel ha estado experimentando durante varios años. Creo que la "cultura de honor", tal como la presenta Danny, puede traer y mantener el avivamiento y la reforma a cualquiera que viva en este principio bíblico. De verdad que recomiendo este libro.

Ché Ahn
Pastor Principal y Fundador, Iglesia Harvest Rock
Pasadena, California

A veces leo libros y muchas veces mi experiencia es que el libro es el que me lee. Cultura de Honor es uno de esos libros. ¡Quiero vivir este libro! La Iglesia Bethel ha sido un lugar en el que se lleva experimentando el Cielo durante muchos años y estoy agradecido de ser parte de la familia de esta iglesia. El Reino de Dios es un "negocio familiar" y en este libro Danny Silk nos da el ADN del Cielo aquí, en la tierra. Cultura de Honor va a convertirse en un clásico que será leído y vivido de generación en generación. Lee este libro y ¡permite que este libro te lea a ti!

Dr. Leif Hetland
Presidente de Global Mission Awareness
Florence, Alabama

Cultura de Honor es un libro revolucionario que transformará los paradigmas del liderazgo tan prevalentes en cada institución, incluida la iglesia. Creo que Danny Silk capta la esencia de la forma en la que Jesús guió a Sus discípulos y de la forma en la que los discípulos dirigían en honor cuando se convirtieron en apóstoles en la iglesia primitiva.

Cultura de Honor transformará tu opinión sobre el liderazgo al igual que tu manera de liderar. Aprenderás a ser un líder que otorga poder a los demás utilizando los valores prácticos fundamentales del Reino que se enseñan en este libro. El tope de tu liderazgo no puede sino elevarse cada vez más a medida que aplicas estos principios bíblicos del honor.

Cada líder debería leer este libro. Cada líder de la iglesia debería leer este libro. Cada cónyuge debería leer este libro. Cada padre debería leer este libro. Cada persona debería leer este libro.

¡Y, una vez leído, volverlo a leer!

Kevin Dedmon
Autor de La Suprema Búsqueda del Tesoro y
Abriendo el Cielo: Claves para
Vivir Naturalmente de Manera Sobrenatural

Danny mantuvo mi atención desde la increíble demostración del primer capítulo sobre cómo un traspié que te deja boquiabierto y que implosiona al liderazgo, fue redimido mediante la aplicación de la cultura de honor. Tanto en la plenitud de su contenido como en la maestría de su desarrollo, es el mejor libro hasta ahora escrito por cualquier autor de Bethel. El llamado y desafío de Danny es para que la Iglesia viva a propósito en poder y otorgue poder en el Nuevo Pacto mediante una cultura compasiva, segura, liberadora y relacional y exenta de temor, legalismo, control, vergüenza y victimismo impotente. Danny establece la base escritural, los modelos conceptuales y las aplicaciones efectivas – para la congregación, el liderazgo, la familia y el individuo – de manera robusta y que desarma. Este libro es un catalizador para la transformación.

André Van Mol, MD
Médico de Familia
Anciano de la Iglesia Bethel de Redding
Vicepresidente de Pray North State

Estoy muy agradecido con Danny Silk, quien, en Cultura de Honor, ha explicado la "receta" de lo que forma la espina dorsal de un avivamiento de más de 10 años que está rápidamente ganando ímpetu hasta convertirse en un movimiento que ya está impactando a las naciones del mundo. En mis 40 años de cristiano, no he sido testigo de ningún "movimiento" que se haya mantenido por más de 10 años. No es por falta de habilidad ni de unción, porque de eso había en abundancia, sino por la falta de entendimiento de la "cultura de honor" que permite que tanto líderes como seguidores florezcan en la atmósfera capacitadora que esta cultura trae consigo.

Andrew Sievright
Presidente de Heroes of the Nations

La iglesia lleva mucho tiempo necesitada de una reconstrucción gubernamental. No sólo necesitamos redefinir nuestra noción del "gobierno de Reino" tanto conceptual como estructuralmente, sino que también necesitamos que la definición de nuestro lenguaje íntimo del Reino se revise y replantee. Hablamos y, por lo tanto, vivimos desde nuestros corazones. Danny Silk, en su libro Cultura de Honor, se toma el tiempo necesario para darnos un enfoque inspirado, informado y creativo para entender lo que debe estar en el corazón de la cultura del Reino. Su ingenio e inteligente manera de escribir te seducirá para que experimentes tus propios momentos de revelación. "La gente libre no puede vivir junta si no hay honor" es una verdad no negociable y que debe ser aplicada. Este libro podría ser uno de los más significativos de los que salgan de la Iglesia Bethel. Es de lectura esencial para aquellos que anhelen dar fruto sobrenatural. Este fruto surgirá en el contexto del honor.

David Crabtree
Líder Principal de la iglesia DaySpring
Castle Hill, New South Wales, Australia

En 2003, cuando me puse en contacto por primera vez con la iglesia Bethel y su avivamiento, mi vida y ministerio estaban atravesando una transformación tremenda y, a veces, dolorosa básicamente porque estaba profundamente metido en la religiosidad y el legalismo. El hecho de ver y experimentar las cosas sobrenaturales me impresionó de veras y me hizo cuestionarme mis convicciones y mis valores fundamentales. Vi milagros y sanidades, pero también vi libertad, amor incondicional, capacitación, aceptación, sana confrontación y muchos otros elementos que conforman una genuina "cultura de honor" los cuales no habían formado parte de mi vida. Fue, de hecho, la cultura de honor en cada una de estas "personas raras" – que era lo que me parecían en un principio – lo que me impulsó para aceptar el avivamiento y someterme a esta transformación junto con todo lo que ello significa.

Un año después, más o menos, conocí a Danny Silk, a quien considero uno de los portavoces más autorizados de la cultura de honor en medio de este sorprendente avivamiento. Se ha convertido en uno de mis mejores amigos y una de las personas que más influencia ejercen sobre mi vida y ministerio. Es de él de quien he aprendido cómo es la cultura de honor, y que el avivamiento sin esta cultura de honor es como vino nuevo en un odre viejo.

El contenido de este libro tiene que ser aprendido y abrazado por cada persona, sea o no líder, sea o no creyente. Es urgente que cada uno de nosotros nos pongamos en sintonía con esta cultura de honor mientras vemos cómo el Cielo invade la tierra.

Ángel Nava
Pastor Principal, Semillas de Vida
La Paz, BCS, México

Este libro podría poner tu mundo patas arriba y ayudarte a extender el Reino de Dios allá donde vivas. La "cultura de honor" de la que se habla en este libro tiene el poder para guiarte a una aventura que terminará tanto en tu transformación como en la de tu iglesia y de tu ciudad.

Al leer este libro, prepárate a ser desafiado a volver a pensar, a revisar tus pensamientos y prácticas cristianas, "a ser transformado mediante la renovación de tu entendimiento". Al hacerlo, estarás mejor equipado para transformar la cultura en la que vives.

Dr. Pete Carter
Líder Principal de North Kent Community Church
Reino Unido

"Tal vez los sentimientos contenidos en las próximas páginas, no sean lo suficientemente atrayentes como para ganarse el favor popular; el hábito de no pensar mal de algo, a la larga da la apariencia superficial de que es correcta y genera un primer y formidable clamor en defensa de la costumbre. Pero el tumulto rápidamente se acalla. El tiempo crea más conversos que la razón".

Thomas Paine en *Sentido Común*
Philadelphia, Pennsylvania
14 de febrero, 1776

ÍNDICE

PRÓLOGO

Una mujer adúltera fue echada a los pies de Jesús. Era consciente de que el castigo por su pecado era ser apedreada públicamente. El hecho de haber sido pillada en pleno acto sólo acentuaba la vergüenza e intensificaba su temor a una muerte muy dolorosa. Sus acusadores estaban confiados porque la ley de Dios apoyaba su postura. Sostenían piedras con las que pronto quitarían la vida de una mujer que estaba esperando a que demostrasen su furia por la falta de estima que había tenido hacia el estándar de santidad de Dios. En ese momento empezó a escribir el Maestro en la arena.

No sabemos lo que escribió. Todo lo que sabemos es que la atmósfera que crearon las palabras del "dador de gracia" desarmó totalmente a sus acusadores. Huyeron a medida que la gracia de Dios echaba fuera los juicios de los hombres, tan rápidamente como la luz echa fuera las tinieblas. Así es la superioridad de la gracia.

Nadie tuvo que decirle que pusiera su fe en Cristo. La atmósfera de gracia hizo que la respuesta más lógica fuera poner su fe en Jesús. Tal vez es por esto por lo que el apóstol Pablo nos enseñó que la fe es "*de acuerdo a la gracia*" (Romanos 4:16). **La gracia es la atmósfera creada por el amor que convierte a la fe en la única respuesta razonable.**

Pocas cosas me llegan a sobrecoger tanto como una verdadera demostración de la gracia de Dios. Cuando la presencia de Dios inviste de poder a una persona para ser libre de asuntos que ha estado arrastrando durante toda la vida, uno no puede sino asombrarse ante tan maravilloso Salvador. Pero la gracia va más allá de la sanidad del pasado: también nos embarca hacia nuestros destinos divinos.

Leí este manuscrito con gran gozo. También lo leí con muchas lágrimas al recordar las situaciones imposibles a las que nos enfrentamos juntos como iglesia. Era ese tipo de problemas que sólo Dios puede sanar. Y lo hizo, una y otra vez. Es esa misma gracia la que se respira en las páginas de este libro. No es una teología innovadora. Es una manifestación más clara de lo original – el corazón de Dios según se revela en la persona de Jesucristo. Pero esto es tan sólo la mitad de la historia, porque la gracia es una de las expresiones de esta fuerza revolucionaria de Su Reino en la tierra – la cultura de honor.

Cuando enseño sobre la cultura de honor, casi todo el mundo dice, "amén" para mostrar apoyo a lo que ya creen. Al poco de haber oído el mensaje vienen a decirme que también tienen una cultura de honor. Pero la respuesta es muy diferente cuando vienen a Bethel durante una semana o dos y ven la interacción entre los líderes y los miembros de la iglesia. Invariablemente se van pidiéndonos que, por favor, hagamos de mentores para desarrollar esta cultura como una reformadora manera de vivir en su iglesia. Dar honor realmente libera la vida de Dios en cualquier situación.

Muchas personas viven en ambientes en los que no hay honor y buscan de manera desesperada nuestra ayuda para crear este tipo de cultura. Los pastores a menudo nos piden que vayamos y enseñemos en sus iglesias y a su personal cómo mostrar honor. La necesidad es real y el deseo genuino. Pero esta cultura nunca se construye por lo que "necesito". Se construye por lo que "puedo dar". Y si no aprendo a darla a aquéllos que menos se lo merecen, seguiré viviendo en un ambiente sin honor.

Estoy absolutamente enamorado de *La Cultura de Honor*. He esperado mucho tiempo para ver esta revolucionaria manera de vivir capturada y descrita en un libro. Aunque muchos de los que trabajan conmigo enseñan sobre este asunto, Dios le ha dado a Danny Silk las palabras más apropiadas para describirlo. Y el botín que está obteniendo del Maestro a través de esta hermosa revelación se está convirtiendo en legendario. Al llevar la presencia capacitadora de Jesús en todo lo que hace, vive para mostrar el valor que Dios tiene para cada persona a la que sirve, a pesar de su situación en la vida.

La iglesia está necesitada de una reforma radical. Creo que este libro es parte de la receta de Dios para subsanar esta necesidad. Al ganar terreno, estaremos en el lugar desde el que podemos ayudar a traer a las ciudades de nuestro mundo a la transformación. Y es una transformación conseguida a través del honor – esa cualidad que tan hermosamente comunica la gracia de Dios.

Bill Johnson
Pastor Sénior de la Iglesia Bethel
Redding, California
Autor de *El Poder Sobrenatural de una Mente
Transformada* y
Cuando el Cielo Invade la Tierra

Prefacio

Soy consciente de que en este libro estoy refutando conceptos que muchos creen que son verdad. Estoy enredando con paradigmas que han perdurado ante el paso del tiempo. Sin embargo, no me intimida esparcir luz sobre muchos tópicos que han permanecido en cierta penumbra en mi querida comunidad, la Iglesia. Como primera generación de cristianos en mi familia, hay muchas tradiciones culturales que no han afectado ni a su vida ni a la mía. De igual manera, hay muchas otras que no se han asentado ni han fortalecido mi legado. Pero desafortunadamente algunas de las tradiciones con las que me he encontrado, me parecen una representación muy pobre y sumamente injusta del que he llegado a conocer como mi Señor. La "cultura de honor" es un desafío a los puntos de vista sostenidos desde antaño y los valores que se pueden encontrar en la cultura eclesiástica, cristiana, histórica y contemporánea.

No pretendo ser irrespetuoso al presentar esta perspectiva. Reconforta y reforma el hecho de haber conocido lo que es el liderazgo de la iglesia, la autoridad y la disciplina eclesiástica durante siglos. Soy consciente de que este es un "gran experimento" en la Iglesia Bethel y que tenemos mucho que aprender sobre cómo ser mayordomos de una atmósfera de libertad. No obstante, te enseñaré lo que hemos aprendido hasta ahora.   ¡Paz!

Introducción

E n estas páginas encontrarás lo que un amigo mío llama una "receta". Los *ingredientes* de esta receta son convicciones y prácticas. Los *pasos* de esta receta combinan estos ingredientes de tal manera que crean algo poderoso – una atmósfera que es poco común en la tierra hoy en día. Es una atmósfera que atrae y alberga la presencia de Dios. Nosotros, en la Iglesia Bethel, en Redding, California, llamamos a esta atmósfera la *cultura de honor*. De ninguna manera pensamos que nuestra "receta" es la única que crea una cultura que alberga la presencia de Dios, pero podemos decirte que funciona.

La primera vez que Dios habla de honor, en los diez mandamientos, promete que nuestra recompensa será una larga vida si honramos a nuestros padres. En Bethel, creemos que este mandamiento revela un principio general de honor. A menudo decimos, "La vida fluye por medio del honor".

El Principio del Honor sostiene que: *el reconocer correctamente quién es una determinada persona, nos dispone para darle el respeto que se merece y para recibir el don que esa persona es para nuestra vida.*

El honor crea relaciones que dan y promueven vida. La clave aquí está en "reconocer correctamente quién es alguien". Sólo podemos hacer esto cuando reconocemos la identidad y misión que Dios le ha dado. Esto es lo que vemos en la frase que dice Jesús: *"El que recibe a un profeta por cuanto es profeta, recibirá recompensa de profeta. Y el que recibe al justo por cuanto es justo, recompensa de justo recibirá"*. Los nombres y los títulos son importantes. Madre, padre, hijo, hija, apóstol, profeta, cristiano, ser humano – estos nombres definen el papel de la persona y su identidad y, cuando se usan de manera correcta, establecen las relaciones diseñadas por Dios de tal manera que se dan y se reciben "recompensas" específicas para edificarnos y fortalecernos.

Una cultura de honor se crea a medida que una comunidad aprende a discernir y a recibir a las personas en las identidades que Dios les ha dado. A lo largo de este libro vamos a explorar algunos de los "nombres" que nos han permitido establecer tipos de relaciones muy específicas en la comunidad de Bethel. Estas son las relaciones que atraen y sostienen el derramamiento de la presencia y el poder de Dios en nuestro medio. Los nombres "apóstol", "profeta", "maestro", "pastor" y "evangelista" y sus diferentes unciones, mentalidades y dones crean una red de relaciones que ha sido diseñada para traer el enfoque y las prioridades del Cielo a la tierra. Nombres como "hijos libres" e "hijos de luz" definen la manera en la que debemos honrar y relacionarnos los unos con los otros, especialmente cuando enfrentamos áreas de comportamiento y relaciones que necesitan disciplina y restauración. Nombres descriptivos como "realeza", "riqueza" y "benefactor" moldean nuestras relaciones con nuestras fuentes de riqueza y con la comunidad más amplia a la que la Iglesia ha sido llamada a bendecir y presentar el amor y el poder del Cielo.

En una cultura de honor, los líderes dirigen con honor, tratando con resolución a la gente, de acuerdo con los nombres que Dios les da y no de acuerdo con los alias que reciben de las demás personas. Les tratan como si fueran hijos libres, no como esclavos; como justos, no como pecadores; como ricos, no como pobres. Los líderes también reconocen su interdependencia a causa de las distintas unciones que Dios ha distribuido entre ellos y ha diseñado para que funcionen como un equipo que crea un "embudo" desde el Cielo a la tierra. Dirigen enseñando y predicando un Evangelio que reconoce de manera clara la identidad de Dios como un Dios bueno, como amor, como shalom y que busca manifestaciones claras de estas realidades que tienen la función de señalar que la presencia de Dios es bienvenida en esta cultura. A medida que Su presencia aumenta crecen la seguridad y la libertad en las que los líderes guían a la iglesia desarrollando formas con las que ayudar a las personas a llevarse bien entre ellas en una cultura de libertad. Cuentan con la herramienta de la confrontación, congruente con la identidad que Dios ha dado a cada persona, y se ven motivados por la pasión de proteger e incrementar en nuestro medio las conexiones que Dios está construyendo. Finalmente, los líderes en una cultura de honor guían a las personas para que, de manera natural, extiendan el honor del Reino a una comunidad más amplia, creando maneras en las que nuestras ciudades puedan experimentar la vida que fluye en nuestro medio.

La vida fluye a través del honor. Al establecer una cultura de honor, el fruto claro es que la vida de resurrección de Dios empieza a fluir hacia las vidas, los hogares y las comunidades de las personas trayendo sanidad, restauración, bendición, gozo, esperanza y salud. Si no estamos viendo este fruto, debemos preguntarnos si verdaderamente estamos honrando a los que nos rodean como debiéramos. Como verás en las siguientes páginas, estoy convencido de que en la Iglesia hay ciertos patrones para relacionarse que están basados en versiones falsas de las personas y debemos enfrentarlas y desmantelarlas si esperamos ver fluir en nuestro medio una vida abundante.

Mi oración y esperanza es que este libro te guíe al buscar los ingredientes y pasos para crear a tu alrededor una cultura en la que habite la presencia de Dios. Lo admito, este libro es sólo el comienzo, ¡pero es un gran comienzo!

CAPÍTULO UNO

UNA CULTURE SOBRENATURAL

No con ejército, ni con fuerza, sino con mi Espíritu,
ha dicho Jehová de los ejércitos

Zacarías 4:6

S i has oído algo sobre la Iglesia Bethel en Redding, California, es muy posible que sean testimonios de los hechos sobrenaturales que ocurren de forma habitual, particularmente milagros de sanidad. Quizá lo que no has oído es que estos eventos sobrenaturales están directamente relacionados con una cultura sobrenatural que la comunidad de santos en Bethel ha estado desarrollando durante ya más de una década. El corazón de esta cultura es la convicción de que Jesús modeló para nosotros cómo debería ser la vida cristiana. Jesús explicó que todas las cosas sobrenaturales que ocurrían por medio de Él, fluían directamente de Su íntima conexión con Su Padre y que esa misma conexión es lo que había venido a darnos mediante Su muerte y resurrección. Mantener un estilo de vida sobrenatural, en la que nos siguen las señales y los prodigios, depende totalmente de vivir en nuestras verdaderas identidades como hijos e hijas de Dios. Armados con estas verdades, los líderes de Bethel entienden que su papel fundamental es capacitar a los santos para conocer a Dios y para caminar en la plenitud de lo que Él dice que son. Al haber enseñado y demostrado estos principios fundamentales, un grupo de personas ha crecido en fe y valentía para traer el Cielo a la tierra.

Para ayudarte a entender la cultura de poder sobrenatural de Bethel, quiero mostrarte cómo es. Voy a compartir algo que ocurrió en nuestra Escuela de Ministerio Sobrenatural hace varios años. A raíz de este incidente, hemos añadido a la lista cientos de situaciones similares, pero esta historia en particular es el caso típico al que nos referimos al enseñar a nuestro equipo a *crear un lugar seguro*. (Se explicará con más detalle cómo crear un lugar seguro en el capítulo titulado "La Prioridad del Liderazgo").

Para situarnos en la historia, necesito resaltar que los miembros de nuestro personal comparten un mutuo deleite con los graduados del primer curso. Estamos muy orgullosos de su celo y amor por el avivamiento. Después de las vacaciones de verano, entrevistan a los graduados que se incorporan al segundo curso y esto siempre vuelve a encender su emoción de estar otro año con esta gente tan maravillosa a la que llamamos estudiantes. Estos estudiantes de segundo curso son lo mejor de lo mejor y son los líderes de nuestra nueva tanda de estudiantes de primer curso.

Un año tuvimos dos estudiantes de primer curso, personas sensacionales, que eran líderes de alabanza y participaban en otras actividades ministeriales. Después de graduarse del primer curso, decidieron casarse en diciembre mientras estudiaban el segundo curso. Por esta razón presentaron la solicitud para venir a hacer el segundo curso y fueron aceptados. Por supuesto que fueron aceptados - ¡eran increíbles!

Poco después de que empezase el curso, Banning Liebscher, el pastor encargado de los alumnos del segundo curso, vino a mi despacho y dijo, "Tenemos un problema. Dos estudiantes me han confesado que tuvieron sexo durante el verano".

Le pregunté qué iba a hacer.

Entonces me dijo Banning, "Bueno, si tener sexo fuese todo lo que ocurrió, no tendríamos un problema muy grande. Dejaron de hacerlo un mes antes de que empezase el curso y están verdaderamente arrepentidos. Creo a este chico cuando me lo dijo".

"¿Qué más está pasando?" pregunté.

"Me acabo de enterar de que ella está embarazada", respondió.

Ahora esto era toda una *situación* – una estudiante del segundo curso de Ministerio Sobrenatural de la Escuela de Bethel, soltera y embarazada recorriendo los pasillos. Eso era algo que tendríamos que explicar. Podía ver cierto pavor en la mirada de Banning. Sabía que tendríamos que sacar a estos dos estudiantes de la escuela. Era la primera vez que siendo líder se enfrentaba a una situación así de extrema.

Le dije, "Reunámonos con ellos y hablemos sobre esto".

Así que Banning y su co-pastor, Jill, vinieron a mi despacho con estos dos estudiantes. Ahora bien, yo no les conocía y ellos no me conocían. Ninguno de los dos me miró a los ojos cuando entraron en mi despacho. Estaban cabizbajos y sus ojos estaban fijos en el suelo. Era claro que estaban totalmente avergonzados por lo que habían hecho y venían esperando que les castigásemos por sus errores. No sólo creían que se merecían ser juzgados por sus pecados, sino que también eran conscientes de la convicción común de que los líderes de la iglesia deben proteger a los muchos de los pocos rebeldes. Sabían que habían sido rebeldes y que estaban a punto de tener "la charla". ¿Qué más podíamos hacer aparte de decirles cuánto les amábamos y, acto seguido, dirigirles a la puerta de salida?

Empecé el proceso diciendo, "Muchas gracias a ambos. No me conocen ni saben lo que va a ocurrir. Gracias por la vulnerabilidad y la confianza que acaban de demostrar. Sé que esto debe asustarlos, y no quiero que se sientan asustados. No hemos tomado ninguna decisión porque no sabemos realmente cuál es el problema. ¿Puedo ofrecerles agua? ¿Va todo bien?"

Después de escuchar sus respuestas, dije al joven, "Bien, permíteme que te haga esta pregunta, ¿cuál es el problema?"

Miró a Banning sorprendido y preguntó, "¿No te ha contado Banning lo que ha ocurrido? ¿No ha hablado contigo?"

Me daba cuenta de que esta pregunta le hacía sentirse incómodo.

"Sí, lo hizo. Banning ha hablado conmigo", contesté.

Preguntó, "¿Quieres que lo diga yo?"

"Si sabes cuál es el problema, quiero que me lo cuentes", le dije. Mi intuición me decía que probablemente no sabía todavía cuál era el problema.

"Tuvimos sexo este verano - ¡muchas veces!" exclamó.

"Ya, pero pensé que eso se había terminado".

Me respondió, "Sí, por supuesto que sí. Dejamos de hacerlo un mes antes de empezar este curso".

"Entonces, ¿cuál es el problema?" volví a preguntar, intentado provocarle a que investigase más profundamente en su corazón para encontrar el problema.

"Bueno, está embarazada", dijo, intentando adivinar que más no sabía.

Le pregunté, "Bueno, ¿hay algo que podamos hacer para solucionar eso?"

"¡No!" respondió enfáticamente, enviándome un mensaje muy claro sobre el hecho de que el aborto no era una opción. Estaba claro que se sentía frustrado con mis preguntas. Aparentemente no había considerado pensar tanto durante este proceso. Se esperaba un castigo y esto le estaba pillando totalmente por sorpresa.

"Bien, luego, ¿cuál es el problema?" pregunté de nuevo.

Me miró durante unos minutos, movió la cabeza y dijo, "No creo entender la pregunta".

Sonreí. Banning y Jill sonrieron. Todos sonreímos. Nadie parecía saber cuál era el problema y todos se estaban preguntando dónde quería llegar con mi pregunta.

Por fin dije, "Si vamos a pasarnos el día solucionando un problema, necesitamos saber qué problema es".

"No lo sé".

Le pregunté si se había arrepentido.

"Sí. Por supuesto que sí", respondió, como si fuese una pregunta con una respuesta obvia.

"¿De qué te has arrepentido?" pregunté.

Después de una larga pausa, admitió, "No lo sé".

Le dije, "Bien. Bueno, esa es parte del problema, ¿no crees? ¿Cómo te puedes arrepentir de un problema si no sabes cuál es ese problema?"

"Ya veo donde quieres llegar. Sí."

"Total, que necesitamos un problema para poder solucionarlo", dije. "Es de eso de lo que se trata lo que estamos haciendo. Permíteme que te haga más preguntas".

Mi plan era hacer preguntas. No le iba a decir lo que pensaba ni lo que debía pensar él. No estaba intentando convencerle de mis sorprendentes perspectivas o de mi poderoso discernimiento. Estaba buscando gloria, sabiduría y capacidad en este joven. Tenían que salir a la superficie para que él pudiera recordar quién era en esta casa. La vergüenza de su error le había hecho olvidarlo. Pensaba que era una de esas personas a las que había que patear y escupir y estaba preparado para que nuestro equipo de liderazgo le echase del coche en la próxima curva. Las preguntas le guiaron, con la ayuda del Espíritu Santo, a dar vueltas y buscar la sabiduría y el conocimiento que tenía dentro y a encontrar una solución que cambiaría su vida para siempre.

Le tiré un par de bolas cortas. "Dime, ¿no sabías que era una mala idea dormir con tu novia?"

"Por supuesto que sí", dijo inmediatamente.

"Bueno, entonces ¿qué pasó?"

"No lo sé". Bajó la cabeza y dejó de mirarme a los ojos.

Le di la opción de considerarlo y la oportunidad de quedarse conmigo. "¿No lo sabes o no quieres pensarlo más?"

"Bueno, tal vez fue porque nos quedábamos en su casa hasta las 2:00 de la mañana viendo películas".

"¿Piensas que fue eso?" le pregunté levantando las cejas.

"Pero intenté irme. Intenté irme una y otra vez. Le dije que no deberíamos estar en esa situación. No deberíamos estar haciendo eso. Le dije que llegamos muy lejos la última vez y no debíamos hacerlo". Al mirarla con cara de corderito, ella tenía la boca bien cerrada y la cara roja, pero el miedo a lo desconocido de esta habitación le hizo sufrir una cierta parálisis verbal.

Continuó hablando, "¡Se ponía furiosa conmigo! Me insultaba y me decía que la estaba rechazando y después era un infierno durante los siguientes días. Por eso no decía nada y me quedaba ahí. No estoy diciendo que no me gustase ni que no tomase parte. Claro que sí. Lo que digo es que no merecía la pena pelearme con ella por eso".

"Bueno. Luego me estás diciendo que estabas más preocupado porque no se enfadase que por protegerla de ti mismo".

Lentamente respondió, "Sí".

"Lo que me estás diciendo es que cuando estás rodeado por personas enfadadas te es fácil dejarles que te controlen. ¿Es eso lo que me estás diciendo?"

"Sí", dijo tímidamente.

"O sea que para que abandones la fuerza de tu carácter e integridad todo lo que necesitas es que alguien se enfade contigo".

"Sí". Empezaba a pillar la revelación.

Pregunté, "Veamos, ¿es eso un problema?"

"Sí".

"Si pudiéramos encontrar una solución para ese problema ¿merecería la pena el tiempo que pasemos juntos hoy?"

"Totalmente". Volvió a mirar hacia arriba y nuestras miradas se encontraron mientras intentaba esconder su sonrisa. Me daba cuenta de que no se sentía seguro al encontrarse mejor ya que, supuestamente, este era un proceso que le tenía que hacer sentirse peor por lo que había hecho.

"Fabuloso. Trabajemos en eso", dije con una gran sonrisa en la cara.

Todas las personas se sentían más esperanzadas. Banning y Jill estaban sonriendo. Podía sentir su expectación y sentimiento de responsabilidad para ayudar a este joven con el problema que acababa de identificar. Pero, en vez de hacer eso, me volví a la joven que había estado observando todo este proceso llevado a cabo con su novio. Me di cuenta de que no quería pasar por lo mismo. Sus brazos y piernas estaban cruzados y la barbilla le tocaba el pecho. De todas formas, me atreví.

"¿Cuál es el problema?"

"No lo sé", dijo inmediatamente como a la defensiva.

"¿No lo sabes o tienes miedo de pensarlo?"

"No lo sé".

Amablemente le dije, "Puedo ver que estás asustada. No quiero que sientas miedo. Quiero ayudarte a encontrar lo que está haciendo que añadas tanto dolor a tu vida. ¿Me dejas que te ayude?"

Para no alargarme, no transcribiré el diálogo y me limitaré a decir que, con el tiempo, descubrimos que no se fiaba de la gente. Era una fortaleza en su vida y era evidente en numerosas situaciones. Luchaba contra la sospecha y eso hacía que no dejase que las personas entrasen en su vida. Muchos estudiantes habían intentado hablar de su situación ese verano, pero ella no quiso permitir que eso afectase a sus decisiones. Sentía que esas personas estaban intentando controlarla y su temor la cegaba y no le dejaba ver el amor y la preocupación que sentían por ella. Este asunto la había estado destruyendo durante muchos años. Tenía miedo, estaba aislada, a menudo era obstinada y siempre estaba a la defensiva. Llegué al fondo del asunto usando el mismo proceso: preguntando. Sólo hacía preguntas – muchas, muchísimas preguntas, pero las preguntas apropiadas.

Preguntar, pero de manera correcta, es una de las claves para crear un lugar seguro. El éxito de una confrontación depende de lo seguras que se sientan las personas implicadas. Si ignoramos su necesidad de tener un lugar seguro, les colocamos en un lugar en el que actúan a la defensiva como personas egoístas que culpan a otros y no les muestran su amor ya que están más interesados en poner sus vidas a salvo que en arreglar los desperfectos que han creado. En ese momento perdemos de vista quienes son de verdad y les culpamos por su comportamiento. Un proceso que respeta la necesidad de confianza y honor tendrá un final totalmente diferente porque les permite ser libres – libres del control, del castigo y del temor. Es así como confrontamos en el Reino. (Veremos este proceso más detalladamente en otro capítulo).

Teníamos dos personas en la misma situación pero con problemas completamente diferentes. Él tenía miedo de que la gente se enfadase consigo, y ella tenía miedo de que la gente la controlase. Cuando descubrimos estos problemas, ya no esperaban que les decapitásemos por tenerlos. Habíamos creado un lugar seguro para que fueran ellos mismos, las personas maravillosas que en realidad son. Fue entonces el momento para ayudarles a arreglar sus problemas y liberarles de la vergüenza de su error.

Les hice otra pregunta. "¿Quién se ha visto afectado por estos problemas que tienen cada uno de los dos? Es como si hubieran entrado en una habitación con un enorme cubo de pintura para después tirarlo. Hay pintura por todas partes. ¿A quién han salpicado de pintura?"

Empezaron a recordar a las personas que amaban, las personas que todavía no sabían que estaba embarazada. Estas personas que les amaban, que habían creído en ellos y que les habían honrado. Éstas eran las relaciones que querían proteger – sus padres, hermanos, líderes de la Escuela de Ministerio y líderes de su iglesia local. La iglesia local de él había estado enviando ofrendas mensuales para ayudarle a pagar su cuota. Ella tenía un hermano que acababa de ser salvo y que la tenía en un pedestal. Estas dos personas eran, para él, una representación de Jesús.

Era como si Banning, Jill y yo pudiéramos ver a estos dos jóvenes recordando a todas estas personas una detrás de otra y, a medida que les venían a la cabeza, se daban cuenta de que esta situación les iba a herir. Lloraron al nombrarles y, finalmente, experimentaron el dolor que este problema había causado en sus vidas. Nuestro equipo se quedó callado, reconociendo que esto era la tristeza según Dios de la que habla la Biblia.[1] Les estaba llevando al arrepentimiento y teníamos que permitir que hiciese su obra y llevase su fruto.

Siguieron llorando. Ninguna amenaza ni castigo podría haber creado lo que estaba pasando en su interior en ese momento. Era una cosa hermosa y todo ocurrió de dentro hacia fuera. Nadie les obligó a que vieran nada. Nadie intentó convencerles de que se arrepintieran. Todo esto salió a la superficie porque confiamos en que tenían mucho respeto y amor en su interior y porque les hicimos las preguntas correctas.

Después de haber hecho una lista de las personas de sus vidas que se verían más impactadas por la noticia de que estaba embarazada, Banning, Jill y yo les mencionamos algunas personas que ellos no habían citado pero que considerábamos que eran importantes para nosotros. Pregunté, "¿Qué pasa con el resto de los estudiantes del segundo curso? ¿Cómo se van a ver afectados por esto?"

"Esto les afectará por completo. Son nuestros compañeros", dijo él.

Pero ella dijo, "A algunos les importará, pero la mayoría no tiene ni por qué saberlo".

"Vaya, ¿seguimos con más del mismo problema?" le pregunté.

"¿Qué?" preguntó, pareciendo no entender.

"¿Es ésta otra de esas ocasiones en las que piensas que debes defenderte de las personas que seguramente te quieren?"

"No sé", dijo, sabiendo que la había pillado.

[1] II Corintios 7:10

"¿No sabes o te das cuenta de lo que estoy diciendo?"

"Veo lo que dices", admitió.

"Bien. Gracias por echarle una mirada a eso. Y ahora, ¿qué pasa con los estudiantes de primer curso que los ven como líderes en esta comunidad? ¿Cómo se verán afectados por este problema?" Me dirigí específicamente a ella con esta pregunta.

"¡Qué! ¡Para nosotros todos ellos son unos extraños! ¿Por qué han de verse afectados por esto?" rugió, enfadada por mi audacia.

Pero su novio dijo, "Tienes razón. Se supone que somos líderes en esta escuela. Se verán plenamente afectados por nosotros y por lo que hemos hecho".

Pregunté a la chica lo que pensaba sobre esta perspectiva. No le gustó, pero estuvo de acuerdo en que seguramente a algunos les afectaría.

"¿Seguramente? O, *les* afectará", pregunté. Me había propuesto perseguirla cada vez que el asunto de la confianza y la vulnerabilidad le impidiesen manifestar su verdadero yo en la situación.

"Les afectará", replicó, seguido de una sonrisa a medias como muestra de gratitud por no dejarla salirse con la suya.

Entonces pregunté, "¿Qué van a hacer? La situación es un lío bastante grande. Sabemos quién se ha manchado con la pintura. ¿Qué harán para limpiarla?"

Empezaron a repasar la lista y a pensar en soluciones. "Vamos a llamar por teléfono a estos miembros de nuestra familia y vamos a escribir a estas personas. Vamos a informarles sobre lo que está pasando, a arrepentirnos y a pedirles perdón".

Les pregunté, "¿De cuánto tiempo estamos hablando?"

Después de discutirlo entre ellos, dijo, "Una semana. Queremos disponer de una semana para poder contactar con nuestra familia y poder arreglar esto".

"De acuerdo", dije. "Esperaremos y más adelante nos ocuparemos de los estudiantes de la Escuela de Ministerio involucrados".

Hicieron lo que habían dicho. Durante esa semana contactaron con su familia y los líderes de sus iglesias locales, y también fueron a los pastores Bill Johnson y Kris Vallotton y a otros responsables de la escuela. Ya no estaban esperando a que se les echase de la escuela. Ya no eran personas que se merecían castigo. Se vieron acogidos por un fluir de respuestas amorosas y positivas por parte de la mayoría de las personas a las que fueron. Hubo un par de respuestas desfavorables, pero estos chicos tenían gracia más que suficiente para derramar sobre esas personas.

Como puedes ver *la vergüenza es desplazada por el amor*. La vergüenza intenta mantener a la gente atrapada en sus errores convenciéndoles de que no pueden hacer nada, que no tienen poder. Cuando, a través del amor, les quitamos la vergüenza, estas personas volvieron a ser poderosas, se enfrentaron a las consecuencias y arreglaron el jaleo que habían montado. Todo lo que les quedaba por hacer era arreglar la situación. No podían cambiar el pasado, pero podían ir a las personas que les querían y pedir perdón. El hecho de pedir perdón era su manera de decir, "Por favor, permíteme que manifieste mi amor hacia ti y proteja esta relación. Permíteme que limpie este enredo". El amor echó fuera su temor y les volvió a hacer poderosos.

Volvieron a la escuela a la semana siguiente. Banning y Jill encontraron tiempo libre durante el horario de clases. Banning me llamó al despacho y me pidió que viniera a la clase de los estudiantes de segundo curso y ayudase con la "limpieza". Sabía lo difícil que sería esto para algunos de los estudiantes, y que algunos de ellos no iban a saber encajar lo que estaba a punto de ocurrir. Por esta razón, quería exponer la situación dentro de un contexto para que lo considerasen en los próximos minutos, incluso meses. Reuní a la clase y dije, "Muy bien, ahora mismo va a ocurrir algo muy importante. Seguramente haya quien se sienta tentado a juzgar a estos dos compañeros por lo que van a compartir. Por favor, recordemos esto: cada uno de los que estamos en esta habitación, somos un despojo humano si Jesús no está en nuestra vida. Por favor, recordémoslo mientras escuchamos lo que van a decirnos. Si alguno alberga juicio contra ellos, quiero que hable conmigo personalmente, antes de que se lo oiga a otra persona diferente al que tiene dicha opinión".

Después le hice señas a la pareja para que subieran. El joven empezó diciendo, "Quiero pedir perdón a esta clase porque sé que somos parte suya y viceversa. Durante el verano terminamos metiendo la pata y ahora vamos a tener un bebé".

Me sorprendieron su humildad y su vulnerabilidad. Estaba arrepintiéndose sinceramente ante este grupo de compañeros. Siguió diciendo, "He descubierto que ignoraba que tenía un problema en mi vida. Me ha estado causando muchos problemas. Estoy trabajando para arreglarlo. Ahora tengo más esperanza de poder solucionar este problema de la que jamás he tenido. Pero, tal como están las cosas, esto es lo que está pasando". Explicó toda la situación. Ella estaba a su lado, humilde y vulnerable y, cuando terminó, ella hizo lo mismo.

Invité a uno de sus compañeros, Brandon, que tenía un papel paternal en la clase, a que viniera y orase por ellos, les perdonase y les restaurase al estándar celestial en relación con el resto de la clase. Cuando se levantó, 47 estudiantes más – toda la clase – se levantaron con él y les rodearon, estrujándoles. Algunos empezaron a llorar. Brandon empezó a hacer oraciones de perdón y de amor. Les dio la bienvenida al volver a tener una relación con la comunidad de la clase. Otra persona les dijo cuánto les amaban y les dieron las gracias por no haberse ido de la escuela. Otro estudiante les dio las graciaspor haber confiado a la clase esta parte de sus vidas.

Después los estudiantes profetizaron sobre ellos y sobre el bebé. Aceptaron al bebé en la comunidad. Toda la clase lloró. Fue un momento verdaderamente maravilloso. La respuesta me impactó, pero conocía a todas estas personas y sabía que todos eransensacionales.

El ambiente se sentía más ligero cuando todos empezaron a abrazarse y a sonreír con los rostros cubiertos de lágrimas. Después llegó alguien de los del primer curso y dijo, "Oye, los del primer curso están dispuestos a hacer esto ahora".

"¿Lo hacemos ahora?" pregunté.

Dijeron, "Hagámoslo…"

"Bueno, pues vamos allá".

Me adelanté a ellos. Mientras los dos se dirigían a la clase del primer curso, los 47 compañeros del segundo curso les siguieron. Los estudiantes de primero no pudieron evitar notar una gran presencia que entraba en su clase. La compañía de los 47 se desplegó a lo largo de las paredes de la clase a modo de ángeles guardianes mientras esta pareja se disponía a arrepentirse delante de cien desconocidos.

Le pedí a Kevin Drury, un pastor que había dejado su ministerio durante un año para venir a la Escuela de Ministerio, que orase por ellos, les bendijese y les perdonase. Al levantarse, los 100 estudiantes del primer curso se pusieron de pie, rodearon a la pareja y les bendijeron. Kevin empezó a orar y profetizar sobre ellos, rompiendo la maldición de la vergüenza y de la ilegitimidad sobre el bebé y cualquier acceso que, según la ley, el enemigo pudiera tener para destruir a este niño avergonzándole. Fue un poderoso tiempo de amor y de reconciliación.

Cien estudiantes abrazaron y amaron a esta pareja ese día. Habían hecho todo lo que sabían para limpiar su lío y siguieron como ejemplos entre los estudiantes del segundo curso durante el resto del año.

Meses después se casaron y, poco después, dieron la bienvenida a su hija al mundo. Pero desde el día de su nacimiento, peleó por su vida. Algo no iba bien en su sangre y se moría día a día. Su luz se estaba apagando. Estaban viviendo en un hospital pediátrico especializado del norte de California y nos enviaban noticia tras noticia de que el bebé se estaba muriendo. Dondequiera que estuviéramos cuando llegaban estas noticias, aunque fuera en medio de la reunión de la iglesia o con el equipo de líderes, orábamos. Pero, durante semanas, su salud seguía declinando.

En la última llamada había mucha desesperación en la voz de la nueva madre. "Se va a morir. Todos los doctores nos han dicho que de esta noche no pasa. Por favor ¡que todo el mundo ore!" Después de esta llamada, me acordé específicamente de la oración de Kevin. Recordé que no había vergüenza sobre esta niña. Recordé que el enemigo no tenía ningún derecho sobre este bebé. Recordé a nuestro equipo el proceso de restauración por el que habían pasado. Recordamos el honor y la protección que habíamos dado a esta familia. Nuestro equipo oró en nuestra reunión de líderes y declaramos que la oración de Kevin había cancelado la vergüenza. La muerte y la destrucción no tenían ninguna jurisdicción sobre la vida de esta niña.

Al día siguiente recibimos una llamada.

"Los doctores no saben lo que pasó, pero están llamando a nuestro bebé 'el bebé Lázaro'", dijo emocionada la nueva mamá. Hasta el día de hoy, su niña está viva y bien. Es bonita, fuerte y está llena de vida.

Al año siguiente, esta misma madre era una de las oradoras en una reunión de los estudiantes de tercer curso. Se levantó y, entre lágrimas, dijo, "Simplemente quiero dar las gracias a los líderes de esta casa.

Transmiten fuerza y vida por medio de esta cultura a todo aquel que llega aquí. Nos han dado una herencia. Nunca seremos los mismos por la forma en la que manejaron nuestra situación. No hay muchos líderes que la hubieran manejado como se ha hecho aquí. No se imaginan hasta qué punto eso ha impactado nuestras vidas. Nos dieron vida en una situación en la que nos podríamos haber descarrilado para siempre. Nos han regalado una relación por la que estamos dispuestos a morir. ¡Gracias!"

La recuperación milagrosa de esta niña es sobrenatural. Pero el ambiente en el que ocurrió es lo que llamamos de manera sencilla "Bethel". Como he mencionado, se está convirtiendo en un lugar conocido por sus muchos testimonios de milagros. Pero son las historias de las personas las que crean esta cultura milagrosa e ilustran el estilo de vida y las relaciones que forman un ambiente en el que el Cielo se ve atraído a la tierra. Nuestra cultura es el tema de este libro. Sin entender los principios fundamentales que nos impulsan, no se puede entender el fruto que estamos obteniendo.

En el centro de esta cultura ponemos la libertad en un alto lugar. No permitimos que las personas utilicen esta libertad para crear caos. Tenemos límites, pero usamos estos límites para crear espacio para un nivel de expresión personal que trae a la superficie lo que verdaderamente está dentro de la gente. Cuando la gente tiene opciones, se revela el nivel de libertad que está preparada a controlar. Cuando las personas descubren su verdadera capacidad de auto-control y responsabilidad, entonces tienen la revelación y oportunidad que necesitan para crecer hacia la libertad que Dios desea para cada uno de Sus hijos.

No obstante, antes de empezar a explorar los principios fundamentales de la cultura de Bethel, creo que es importante exponer nuestra estructura de liderazgo. Nuestro liderazgo es responsable de capacitar y equipar a los santos con la revelación y la impartición que necesitan para ejercitar su libertad en un lugar seguro y creo que hemos tenido éxito en esto porque nuestro liderazgo ha estado alineado con la unción *apostólica* y *profética*. Explicaré estos términos y cómo funcionan en el siguiente capítulo.

CAPÍTULO DOS

EL EMBUDO DEL CIELO

No hay como volver a un lugar que no ha cambiado
para darte cuenta de cómo has cambiado tú.

Nelson Mandela, Político sudafricano

C reo que uno de los factores principales que ha mantenido a la iglesia de Bethel en un estado de *preparación* y de *mayordomía* en lo que respecta al derramamiento del Espíritu es el "odre" de su liderazgo, que ha sido establecido mediante un *fundamento apostólico y profético* y con una expresión de la gracia de los restantes miembros del ministerio quíntuple descritos en Efesios 4:11 – pastor, *maestro y evangelista*. Creo que esto es cierto porque, como miembro de este equipo, he visto de primera mano cómo cada una de estas unciones, a través de sus áreas específicas de enfoque y motivación, se encargan de una parte esencial de la identidad y del propósito de la iglesia. Sin tener una expresión completa y madura de estos ministerios que equipan a los santos, el pueblo de Dios no puede estar adecuadamente preparado para contener lo que Dios está derramando para después esparcirlo a su alrededor.

Estoy convencido de que una de las razones por la que hay líderes que llevan tiempo en la iglesia experimentan el demoledor ciclo de grandes avivamientos que gradualmente se apagan, es la falta de entendimiento a la hora de comprender el ministerio quíntuple, su propia unción ministerial y llamado y la manera en la que su unción moldea la dirección de su iglesia. Espero que en este capítulo y a lo largo de este libro pueda establecer el fundamento para comprender estos papeles y unciones para que los líderes puedan reconocer cómo pueden empezar a sacar recursos y a administrar la gracia que Dios ha depositado en ellos en conjunción con el resto de su equipo.

Antes de hacer eso, para que no pienses que cada líder de Bethel creció sabiendo que había sido llamado al ministerio y cómo Dios le ha ungido exactamente, quiero compartir la historia de mi propio llamado como pastor.

Mi historial como líder de la iglesia se remonta a marzo de 1995. En ese momento estaba trabajando en una agencia de adopciones que se llamaba Remi Vista en Mt. Shasta, California. Acababa de completar ocho años de facultad en la Universidad de Sacramento, para obtener el Máster como trabajador social. Mi esposa, Sheri, nuestros hijos Brittney, Levi y Taylor y yo estábamos listos para que empezara a dedicarme a mi carrera de terapia matrimonial y familiar. La letanía de Sheri durante esos extremadamente estresantes ocho años era el bromear con "¡Enséñame la pasta!" [1]. Estábamos más que listos para obtener algo de beneficio.

Un fin de semana de marzo, pusimos rumbo hacia nuestro hogar a dos horas de distancia por carreteras de montaña: Mountain Chapel, en Weaverville, California. Tanto Sheri como yo crecimos en esta pequeña comunidad y fuimos al mismo instituto. Teníamos muchas memorias "antes de Cristo" en este pueblecito y ambos habíamos aceptado al Señor bajo el ministerio de Bill Johnson en Mountain Chapel casi a la vez.

---

[1]   Nota de la Traductora: frase famosa de la película "Jerry Maguire" (Tom Cruise y Bridget Jones)

Ir a la iglesia de Weaverville siempre nos merecía la pena. En este viaje en particular, al igual que en los demás, tuvimos mucha comunión con tantos amigos intentando ponernos al día con sus vidas e informándoles sobre los últimos acontecimientos acaecidos en nuestra joven familia. Después de la reunión ese domingo, Kris Vallotton nos pidió a Sheri y a mí que fuésemos con él a comer porque tenía una "propuesta" para nosotros. Estábamos emocionados por tener la oportunidad de ponernos al día con otro querido amigo, pero también sentíamos mucha curiosidad por saber cuál era esta nueva idea que Kris tenía en la manga que, como nos dejó entrever, podría alterar el resto de nuestras vidas.

Después de hablar de nimiedades, nos preguntó si sabíamos que Bob Johnson, el hermano de Bill, se iba de Mountain Chapel para empezar una nueva obra en Redding. No lo sabíamos. Después nos informó de que tenía permiso de Bill y del consejo de la iglesia para pedirnos que consideráramos el reemplazar a Bob como nuevo pastor asociado a Bill. Mis manos y mi nariz empezaron a enfriarse. Era consciente de que la boca de Kris se seguía moviendo, pero no podía oír lo que decía. Estaba en shock. Le dijimos que necesitábamos tiempo para pensar.

Recuerdo estar acostado al lado de Sheri totalmente a oscuras esa noche. No decíamos palabra, lo cual es raro ya que Sheri, que es la suprema procesadora verbal, todavía estaba despierta. Finalmente, del oscuro silencio salió su voz diciendo, "¿Estás pensando en lo que yo estoy pensando?"

"Sí", dije y empezamos a reírnos de manera nerviosa. No nos podíamos creer lo que estaba ocurriendo.

A los pocos meses nos mudamos a Weaverville para que los niños pudieran estar instalados antes de empezar la escuela en septiembre. Seguí trabajando en Mt. Shasta e iba a casa los fines de semana. En noviembre empecé a tomar mi lugar en Mountain Chapel. Pero entre esos dos acontecimientos ocurrió algo interesante.

Un sábado de septiembre, Bill y Beni Johnson nos pidieron que fuéramos al despacho de Bill para hablar. Nos imaginamos que esta sería una de las muchas "charlas" que tendríamos para situarnos, informarnos de nuestra nueva posición y aclararnos las cosas, ya que entrábamos en el ministerio de nuevas y sin ningún tipo de entrenamiento. Nos equivocamos.

Nos dimos cuenta de que Bill y Beni parecían reírse nerviosamente al empezar la reunión. Beni empezó la conversación contándonos lo contentos que estaban de que estuviéramos allí. Dijo que nunca habían sentido la paz que ahora sentían y que estaban muy reconfortados por contar con nosotros como parte del equipo. Ella y Bill hablaron acerca de nuestros dones como pastores y dijeron que las personas serían amadas y cuidadas bajo nuestro liderazgo. Sentí que algo se levantaba dentro de mí a medida que continuaba hablando, pero no era ni orgullo ni una gran satisfacción. Era temor. Cuanto más hablaban, más podía sentir lo que se avecinaba. La bomba finalmente cayó cuando Beni dijo, "Hemos estado sintiendo que el Señor nos va a llevar a otro lugar. Lo hemos sentido durante muchos años, pero hasta ahora nunca nos hemos sentido tranquilos porque no sabíamos con quién íbamos a dejar para guiar a la iglesia. Pero ahora que están aquí nos sentimos muy aliviados".

Podía sentir cómo la sangre me dejaba la cabeza. Sentí que me iba a marear. ¿Acababa de oír lo que acababa de oír? Mis pensamientos se movían como relámpagos en la cabeza. *¿Acaso piensan que he vuelto aquí para echar a perder la iglesia que amo, el hogar dónde fui salvo? ¿Saben lo que significa pastorear esta iglesia de radicales en el pueblecito donde crecimos como incrédulos? ¿¡Están locos!?*

Bill y Beni se estaban riendo. Estoy seguro de que mi cara estaba paralizada de asombro y terror, a pesar de mis más sinceros esfuerzos por esconder lo que estaba sintiendo. De repente, tuve un pensamiento claro. *¿Cuándo pensaban hacer este cambio?* Pregunté, "¿Se está hablando de hacer esto dentro de cinco años a partir de ahora? ¿Tres años?"

Beni respondió, "febrero. Creemos que nos vamos en febrero. No tenemos ni idea por qué, pero ese es el mes que oímos una y otra vez".

"¿Febrero del año 2000?" susurré.

"No", rió ella, "febrero dentro de seis meses. 1996."

En ese punto estaba seguro de que iba a desmayarme o a vomitar. Esa fue la última "charla" que tuvimos sobre nuestro reclutamiento. Como es de suponer, seis meses después ellos no estaban ya. La iglesia de Bethel entrevistó a Bill en diciembre de ese año, 1995, y le ofreció el puesto de pastor principal. El les informó que tenía que "entrenar" a un nuevo pastor en Mountain Chapel y que necesitaría algo de tiempo. "Febrero", les dijo, "será la fecha más temprana en la que podremos venir a Bethel". Y sin más historia, nos embarcamos en el papel de liderazgo como pastores. Me supongo que podríamos haber dicho que no, pero sabíamos que el Señor tenía un plan.

Después de nuestra reunión con Bill y Beni una mañana de ese mes de septiembre, no obstante, yo estaba enfadado. Estaba furioso, principalmente porque estaba muerto de miedo. Pensé que íbamos a venir a Weaverville y aprender del "Pastor Maestro". Esta esperanza fue hecha trizas en unos segundos y, de repente, se convirtió en un inesperado y aterrador… ascenso. Intenté adueñarme de mis temores diciéndome, *Tal vez Dios esté en esto. Tal vez Él se quede aunque Bill se vaya. Quizá esto al final saldrá bien. Tal vez Él estará conmigo. Tal vez esto es lo que estaba intentando decirme hace 13 años.*

Hacía 13 años, yo tenía 21 y acababa de entregar mi corazón al Señor. Empecé a ayudar a Kris Vallotton que ya era un líder en Mountain Chapel del grupo de jóvenes y, en cierto momento, Kris profetizó sobre mí: "Un día serás pastor aquí, en Weaverville". En ese momento no me podía imaginar cómo sería, pero hice todo lo que pude para que esa palabra se cumpliese buscando una escuela bíblica que me pudiera costear. Después de mucho esfuerzo infructuoso, me rendí y, un par de años después, se me había olvidado por completo esa palabra – hasta que volvió con una fuerza atronadora al principio del proceso de volver a Weaverville. Con el tiempo, se convirtió en el arma con la que luchar contra mis temores y falta de experiencia.

El hecho de recordar, "Él está conmigo" cambió la manera en la que percibía todo. Después de perdonar a Bill por haberme traído a una situación de la que no podía escapar, empecé a ver lo que él había visto en mí – una unción pastoral. No la llamé así, pero empecé a reconocer que la paz y el sosiego que él y Beni mencionaron en nuestra pequeña "charla" ese día, venía de esta unción que podían percibir en nuestras vidas. Sabían que nuestros corazones estarían centrados en las personas. Nos aseguraríamos de que su rebaño, las personas en las que habían invertido 17 años de sus vidas, iban a sacar lo mejor de nosotros.

Gracias a Dios, tenían razón. Como pastor empecé a enseñar y a predicar cosas de mi formación como consejero. Comencé a crear una verdadera identidad como hijos amados de Dios en los corazones y las mentes de las personas. Mi horario se llenó con citas para reunirme con ellos. Parejas, familias, padres, hombres y mujeres venían de manera continua a mi despacho para recibir sanidad y fortaleza. Nuestro equipo de líderes empezó una serie llamada "En Busca de la Libertad" y empezamos un viaje para sanar las heridas y las mentiras del pasado. Uno de nuestros ancianos atravesó una transformación radical durante esta época y guió a nuestra iglesia a un nivel diferente de sanidad, libertad y comunidad.

El tipo de crecimiento que acabo de describir es la pasión que tiene la unción pastoral. El pastor necesita saber que la gente está saludable y fuerte. Sabe que el Evangelio se vivifica a medida que los santos aplican y manifiestan verdaderos amor y libertad en sus vidas. Esta unción permite que Dios cultive Su corazón en Su pueblo. El Buen Pastor se pone manos a la obra a través de la unción de los pastores.

Bill y Beni sabían que su iglesia había estado sin una fuerte unción pastoral por años. La unción apostólica de Bill había estado haciéndose cada vez más fuerte en la última década y su enfoque estaba cada vez más dirigido hacia los asuntos celestiales en vez de los humanos. Su pastor asociado y hermano, Bob Johnson, tenía una fuerte unción evangelista y estaba centrado en los perdidos. Y el otro líder con una unción fuerte era un profeta, Kris Vallotton. Cada una de estas unciones desvía la atención y prioridad de los santos y la enfoca en otro lugar, como explicaré con más detalle en breve.

Introducirme en el vacío pastoral fue algo embriagador. Ya que no estaba remplazando al apóstol sino que estaba ofreciendo una perspectiva nueva que suplía diferentes necesidades, resultó fácil para la iglesia valorar y recibirme como líder. Recuerdo que Bill me había dicho que la transición en el liderazgo era sobrenatural, la describió como "suavemente aterradora". Tenía razón. Mountain Chapel estaba lista para lo que la unción pastoral le pudiese traer. Ambos habíamos supuesto que habría mucho más desgarro después de sus 17 años como líder principal. No hubo desgarro alguno. Esta fue la primera lección que aprendí a la hora de comprender la naturaleza e importancia de cada miembro del ministerio quíntuple, y desde entonces el Señor no ha hecho sino seguir edificando sobre este entendimiento.

Las Unciones Quíntuples

Creo que la mejor manera de presentar los atributos de las unciones quíntuples es describiendo lo que podría ocurrir si todas llegasen a la escena dónde ha habido un accidente de tráfico.

El pastor es el primero en salir del coche. Se pone manos a la obra para valorar la situación y empieza a evaluar y clasificar a los heridos para aplicar los primeros auxilios a quien lo necesite. Reúne mantas, chaquetas, agua y cualquier otra cosa que pueda encontrar para ponerles más cómodos. Supervisa la situación para ver si hay algo que esté amenazando la seguridad de los que están recibiendo ayuda y de los que se han visto atraídos a la escena del accidente. Habla con cada persona para interesarse por su nombre, estado civil y de si tiene o no hijos. Reúne todo tipo de información vital y a las personas que habría que contactar para poder ayudar al equipo que llegue de emergencias. Trae calma a la situación y cada persona se siente genuinamente cuidada y en conexión con el pastor. Se pregunta si debería haber sido doctor.

El maestro es el próximo en entrar en escena. Estudia la situación para poder dilucidar quién causó el accidente. Retrocede, estudia las marcas de frenado y la distancia que había entre los coches antes y después del impacto estimando la velocidad aproximada de cada coche en el momento del choque. Recurriendo a su gran conocimiento del manual de tráfico y las leyes que lo controlan, desarrolla una teoría sobre quién tuvo la culpa. Su conclusión es que, en general, los conductores necesitan más instrucción y que saldrían muy beneficiados si tuvieran que asistir a más clases obligatorias estudiando de manera continuada.

El evangelista entra en escena y les pregunta a todos los que están tumbados a salvo y cómodamente (gracias al pastor), "Si murieran a causa de sus heridas, ¿saben si irían al cielo o al infierno?" En ese momento se da cuenta de que hay una gran multitud de mirones que han salido de sus coches para observar lo que ocurre. Empieza a hablar a esta multitud haciéndole la misma pregunta, "No tienen garantía alguna de que lleguen a salvo a casa. ¿Saben dónde irían?" La gente entregaría sus vidas al Señor en ese momento, en la cuneta. Explica a los presentes que el mejor regalo que le puedes dar a alguien es el don de la salvación. Les enseña cómo llevar a otras personas a Cristo y ora para que reciban el bautismo del Espíritu Santo. Después dice, "¡Ha sido genial!" y decide comprarse un aparato que capte las ondas de la radio de la policía de camino a casa.

El profeta sabía que esto iba a ocurrir porque lo había soñado la noche anterior. Ya que en su sueño todos habían sobrevivido al accidente, echa fuera al espíritu de la muerte y declara con gran fe y unción que todos vivirán y que ninguno va a morir. También proclama que hay ángeles rodeando la escena del accidente y ora para que los ojos del corazón de las personas se abran para poder ver en el Espíritu. Después empieza a caminar entre ellos y a declarar el destino de varias de las personas. Da rienda suelta al espíritu de revelación entre los presentes. Finalmente y de manera muy natural, empieza a preguntar quién está a cargo de la situación. Cuando descubre al que está al frente de todo, discierne si éste es el líder escogido de Dios o no. O, si descubre que no hay nadie al mando, señalará a alguien como líder.

El apóstol ora por los heridos. Invita al toque sobrenatural de sanidad de Dios a que caiga sobre ese lugar. Empieza a contar testimonios de ocasiones en las que ha presenciado otros accidentes de coche y ha sido testigo del poder de Dios manifestándose en esas otras situaciones. El nivel de fe de las personas empieza a crecer. Después les pregunta si pueden sentir calor en sus manos. Pone a los que lo han sentido a trabajar orando para que los demás sean sanados. Demuestra a todos los que están alrededor que el Reino de los Cielos está cerca. Después abre una escuela para los que ayudan en accidentes y les envía por todo el mundo haciendo milagros y señales.

Espero que este ejemplo demuestre la realidad de que cada unción también implica una cierta manera de pensar. Cada unción determina cómo actuará alguien cuando se enfrenta a cualquier situación y, como resultado, habrá más de una solución disponible y aplicable a la misma situación. Ninguna unción es más correcta o más importante que las demás. Sencillamente son los dones de Dios para la Iglesia para ayudar a que se vea la perspectiva del Cielo en la tierra.

Apóstoles y Profetas

Antes de explorar las cinco unciones principales con más detalle, junto con sus puntos fuertes y sus puntos débiles, permíteme darte la base escritural para ambos oficios y el orden de prioridad tanto del apóstol como del profeta:

> *Vosotros, pues, sois el cuerpo de Cristo, y miembros cada uno en particular. Y a unos puso Dios en la iglesia, **primeramente apóstoles, luego profetas**, lo tercero maestros, luego los que hacen milagros, después los que sanan, los que ayudan, los que administran, los que tienen don de lenguas.*[2]

Pablo claramente delimita un orden prioritario en este pasaje y este orden está relacionado con los niveles sobrenaturales que se corresponden con cada oficio en particular. Como pudo verse en la ilustración descrita anteriormente, la unción del apóstol y del profeta crea una perspectiva que está enfocada de manera principal a percibir lo que está ocurriendo en el Cielo para traerlo a la tierra. El maestro está más centrado en poder describir lo ocurrido de una manera clara y el evangelista y el pastor se centran en la gente. Cada una de estas áreas es de vital importancia, pero para poder funcionar juntos como Dios quiso, deben relacionarse los unos con los otros de acuerdo con el orden prioritario establecido. Las áreas que se centran en el Cielo vienen primero y tienen influencia sobre las que se centran en la tierra.

Cuando Pablo pone en primer lugar a los apóstoles, después a los profetas y en tercer lugar a los maestros, está describiendo un fluir. El fluir sale del maestro para poder moverse en milagros, sanidad y continúa a través de la ayuda, la administración y las lenguas. Es trágico que en muchas iglesias hoy en día, las prácticas de la enseñanza, la ayuda y la administración se han quedado vacías de contenido sobrenatural. Parece como si estos dones hubieran sido sacados de la lista y separados del

---

[2]   I Corintios 12:27-28

fluir de la riqueza sobrenatural del Cielo, de hecho, eso es exactamente lo que ha ocurrido. Para poder proteger este fluir, la Iglesia necesita fundarse sobre líderes que llevan lo que tiene que ver con lo sobrenatural como valor principal.

En vez de tener un apóstol y un profeta como fundamento de la cultura de la iglesia, la iglesia americana de hoy ha puesto en su lugar al maestro, pastor o evangelista. Pero divorciar de esta manera lo sobrenatural del ministerio ha impactado de manera drástica el entendimiento general del verdadero papel de cada unción. En la mayoría de las iglesias, el papel del maestro es declarar de manera clara y precisa las verdades de la Biblia en un mensaje teológicamente sano para poder crear cierta seguridad en la vida de los creyentes. El papel del pastor es crear una iglesia que tenga fuertes valores familiares estableciendo un sistema para alimentar la personalidad y las relaciones. El papel del evangelista es enfatizar el crecimiento de la iglesia y entrenar a los miembros de la iglesia para que compartan su fe y guíen a otros a Cristo.

El problema es que estos modelos de liderazgo están centrados en lo terrenal. Sin el fluir de la gracia que proviene de los apóstoles y de los profetas, que no sólo están centrados en ver lo que está ocurriendo en el Cielo sino también en liberar esa realidad en la tierra, estos modelos nos llevarán de manera inevitable a centrarnos en lo que sabemos que Dios ha hecho en el pasado y así perdernos lo que está haciendo ahora. Nos hace preocuparnos más del conocimiento que de la experiencia.

Es aún más duro librarnos de este desequilibrio al vivir en una sociedad que está impregnada con este punto de vista. Muchas de las escuelas, facultades y universidades de nuestro país se han aferrado a un punto de vista mundial dualista que separa el conocimiento de la experiencia. Este punto de vista mundial reduce la meta de la enseñanza a una mera transmisión de información. Este paradigma está presente de manera real en la Iglesia y el resultado de esto es que gran parte del ministerio de la enseñanza está desprovista de revelación sobrenatural y de poder. Se ve limitada a lo que se puede hacer desde la autoridad y lo que está disponible en la tierra.

Pero la unción del ministerio de maestro, uno de los dones de Cristo, que modeló para nosotros cómo funciona cada una de estas unciones, es muy diferente. Jesús ejerció su don de enseñanza *predicando* y *demostrando* su mensaje con milagros. Aquéllos que experimentaron su enseñanza se asombraron por lo diferente que era, y era así porque, a diferencia de los demás maestros, Él enseñaba con autoridad. Cristo es el modelo que define el ministerio de la enseñanza en su iglesia y la implicación de su modelo es que a no ser que se le presente a la gente algo tangible, la realidad sobrenatural del Evangelio, no tenemos autoridad para enseñarlo.

Me doy cuenta de que este tipo de gobierno que estoy describiendo, en el que hay una prioridad clara en los diferentes oficios, es muy difícil de entender y respaldar en la cultura americana. Nuestro estilo americano de gobierno democrático está diseñado para mantener a todos sus miembros en un sistema de equilibrio de poder donde cada rama del gobierno debe rendir cuentas a otra rama para que ningún legislador, juez o presidente pueda acceder al control de todo el gobierno. Entiendo esto y lo valoro como modelo terrenal. Sin embargo, en la escritura dice, "primero apóstoles, después profetas, luego maestros…". Creo que gran parte de la Iglesia ha ignorado esta escritura y ha estado utilizando ideas recogidas de los gobernadores terrenales en un intento de imitar al Cielo. Pero sólo el modelo celestial puede reproducir el Cielo en la tierra.

Cuando utilizamos otros modelos, la Iglesia se convierte en nada más que lo que la gente ya espera tener basándose en sus experiencias terrenales. Este es un error enorme y fundamental, con consecuencias muy serias. Creo que nos han engañado. Cuando utilizamos los sistemas de gobierno del hombre para definir o reproducir el Cielo, seguimos un camino en declive que se dirige a implementar un sistema inferior. El Cielo no se va a conformar a una réplica o a un sistema inferior. El Cielo debe ser la fuente.

En el pasaje de I Corintios 12 que hemos citado, Pablo señala al modelo Celestial de gobierno. Establece un orden claro en el ministerio de la iglesia del que he oído bien poco en mis 20 años de creyente fuera de mi círculo más íntimo. Este mismo orden se ve respaldado en Efesios 2:17-22:

> *Y vino y anunció las buenas nuevas de paz a vosotros que estabais lejos, y a los que estaban cerca; porque por medio de él los unos y los otros tenemos entrada por un mismo Espíritu al Padre. Así que ya no sois extranjeros ni advenedizos, sino conciudadanos de los santos, y miembros de la familia de Dios,* **edificados sobre el fundamento de los apóstoles y profetas,** *siendo la principal piedra del ángulo Jesucristo mismo, en quien todo el edificio, bien coordinado, va creciendo para ser un templo santo en el Señor; en quien vosotros también sois juntamente edificados para morada de Dios en el Espíritu.*

"La casa de Dios" descansa de manera literal sobre el fundamento o liderazgo de los apóstoles y de los profetas. Este diseño permite al Cuerpo de Cristo el ser edificado en un "templo santo" y así convertirse en "la morada de Dios". ¿No es esto lo que deseamos?

Como he estado diciendo de manera velada, el fallo crítico que veo en el diseño americano de la estructura y el gobierno de la iglesia, aunque no se ve limitado a Estados Unidos, es el desorden, queriendo decir con esto que las tareas y las relaciones de los líderes están fuera del orden establecido en la Escritura. El fundamento y liderazgo de la mayoría de las iglesias consiste en pastores, maestros y administradores. Le hemos dado preeminencia a la porción incorrecta de la lista de I Corintios 12 en lo que respecta al liderazgo, y el razonamiento que nos ha llevado a tomar esta decisión no es espiritual sino terrenal. Santiago 3:13-18, nos vuelve a advertir de esta práctica de utilizar la sabiduría terrenal en nuestras vidas:

> *¿Quién es sabio y entendido entre vosotros? Muestre por la buena conducta sus obras en sabia mansedumbre. Pero si tenéis celos amargos y contención en vuestro corazón, no os jactéis, ni mintáis contra la verdad; porque* **esta sabiduría no es la que desciende de lo alto, sino terrenal, animal, diabólica. Porque donde hay celos y contención, allí hay perturbación y toda obra perversa.** *Pero la sabiduría que es de lo alto es primeramente pura, después pacífica, amable, benigna, llena de misericordia y de buenos frutos, sin incertidumbre ni hipocresía. Y el fruto de justicia se siembra en paz para aquellos que hacen la paz.*

Cuando el Cielo es el modelo para nuestra cultura, el resultado principal es la paz. La paz es la meta del Cielo porque es la cualidad principal del gobierno de Dios. Pero las formas desordenadas de gobierno a las que nos hemos acostumbrado no crean paz sino control, que se convierte en la meta intencionada. El hombre tiene la meta opuesta del Cielo. La estructura del liderazgo terrenal se ve motivada por el deseo de proteger el gobierno de los que están en autoridad. Cuando estructuramos el ambiente de la casa de Dios principalmente para proteger la voluntad de la gente, nos hemos desviado del camino de la "sabiduría de lo alto".

Para poder ver la seriedad de hacer las cosas conforme al razonamiento humano en vez del celestial, necesitamos recordar una de las mayores exhortaciones de los Evangelios, la exhortación que Jesús le dio a su buen amigo Pedro. Si recuerdas, Pedro intentó convencer a Jesús para que no fuera a morir en la cruz. Pedro quería proteger lo que percibía como bueno. Su preocupación y motivación primordial era mantener el fluir que había de bendición hacia la tierra. Jesús se volvió a él y le dijo, *"¡Quítate de delante de mí, Satanás!...no pones la mira en las cosas* *de Dios, **sino en las de los hombres**"*[3]. No fue uno de los momentos más sobrados de Pedro, pero es una palabra clara para todos los que observamos. El Cielo es el modelo – no la tierra.

"... Primero, Apóstoles..."

Seguramente hayas oído el término ministerio apostólico, más utilizado últimamente. Tengo la certeza de que vamos a oír y ver más sobre este ministerio en los próximos años. Voy a definirlo ya porque me referiré a él de ahora en adelante. A través de este término me estaré refiriendo a las metas y los objetivos del liderazgo apostólico y, por lo tanto, *las metas por las que se congregan las personas que están bajo un apóstol.*

Cuando Jesús enseñó a los discípulos a orar, les dio una frase clave. Les dijo que orasen, *"Venga Tu Reino. Hágase Tu voluntad en la tierra como en el Cielo"*[4]. Estas instrucciones les enseñaron a desear el Cielo mientras estuvieran en la tierra. Creo que este valor central es el objetivo principal del ministerio del apóstol. Los líderes apostólicos están centrados en el Cielo y su misión es ver establecida en la tierra la realidad sobrenatural del Cielo. Desean ver la evidencia del toque del Cielo en el medio que dirigen o influencian. El apóstol tiene como prioridades básicas de su esfera de influencia la presencia de Dios, la adoración a Dios y los planes del Cielo. El gobierno apostólico está diseñado para proteger estas prioridades.

El apóstol Pablo se autodenomina *"maestro constructor"* en I Corintios 3:10. Ésta es una traducción de la palabra griega *architekton*, palabra de la que proviene la palabra "arquitecto". Esto describe a la perfección el papel del ministerio apostólico. Es como si Dios mismo les hubiera dado los planos a ciertos individuos para reproducir el Cielo en la tierra. Junto con estos planes, la unción del apóstol contiene una cualidad que estimula y hace que afloren los diferentes tipos de unción

---

[3]   Mateo 16:23

[4]   Mateo 6:10

que tienen las personas que le rodean. A medida que esos que le rodean empiezan a manifestar su peculiar unción, se crea una atmósfera de "sub-contratistas" que ayudan al "maestro constructor" a llevar a cabo los planes del Cielo.

A continuación expongo algunas de las características clave de una atmósfera y cultura apostólica:

1. Tanto la adoración como la actividad sobrenatural son prioridades en esta atmósfera y estilo de vida de los santos, porque la presencia de Dios es la máxima prioridad.

2. Se envía a los santos para que, al igual que Jesús, destruyan las obras del diablo que incluyen la enfermedad, el malestar y la aflicción. Los santos viven para demostrar a todo el mundo que Dios siempre es el bueno y que el diablo siempre es el malo.

3. El Reino de Dios es "gozo en el Espíritu Santo" 5. Por lo tanto la iglesia es un lugar donde sobreabunda el gozo.

4. Dios desea que los que todavía no le conocen puedan tener una relación con Él sabiendo que el énfasis principal es el amor y no sólo el servicio.

5. El Cuerpo de Cristo está siendo edificado y equipado para convertirse en la Esposa gloriosa y victoriosa, sin importar la condición en la que parezca estar la tierra ahora mismo.

6. La Iglesia tiene que crear un impacto y despertar global.

7. Generaciones sucesivas deben ser equipadas para llevar y demostrar la revelación del Reino.

En la iglesia Bethel tenemos una "lectura para la ofrenda" en la que hacemos declaraciones sobre nuestra región cada domingo. Hace algunos

---

5 Romans 14:17

años, Mike y Debbie Adams se mudaron a Redding desde otro estado para asistir a la Escuela de Negocios Sobrenaturales de Bethel. Después de haber formado parte de la congregación y de haber absorbido la cultura, Debbie escribió la que se ha convertido en la que cariñosamente conocemos como "nuestra segunda lectura para la ofrenda". Es lo que mejor capta lo que intento describir como ministerio apostólico:

Al recibir la ofrenda de hoy, creemos en Ti para que:

Los Cielos se abran, y la tierra sea invadida
Sean abiertos los almacenes del Cielo y sucedan milagros
Haya sueños y visiones
Visitaciones angelicales
Declaraciones, imparticiones y manifestaciones divinas
Unción, dones y llamados
Puestos y promociones
Provisión y fuentes de riqueza
Para ir a las naciones
Almas y más almas
De cada generación
Salvos y liberados
Llevando el avivamiento del Reino
Gracias, Padre, que al unir mi sistema de valores al Tuyo,
Harás que llueva FAVOR, BENDICIÓN e INCREMENTO
Sobre mí para tener más que suficiente para colaborar con
el Cielo para ver cómo Jesús obtiene
Su RECOMPENSA COMPLETA
¡ALELUYA!

En una atmósfera apostólica se respira emoción, porque estar centrados en el Cielo hace que la oración, la adoración, los milagros, las señales y los prodigios se conviertan en algo normal en nuestras vidas cotidianas. Sin embargo, hay un área en particular en la que el papel del apóstol no está diseñado para enfrentar de manera directa: las necesidades de las personas. ¿Recuerdas lo que dijeron los apóstoles cuando les hablaron de las necesidades de la gente en Hechos 6:4? *"Y nosotros persistiremos en la oración y en el ministerio de la palabra"*. Estaban actuando como apóstoles. Las necesidades de la gente iban en aumento y eso les distraía de su papel y unción. No es que la gente no les preocupase. Hicieron algo para asegurarse de que personas de calidad de su comunidad suplieran esas necesidades. Pero un apóstol debe estar libre para perseguir el Cielo si es que quiere cumplir de manera efectiva su llamado apostólico.

El Inconveniente

Cuando el apóstol es fiel a su llamado sin tener a su lado ninguno de los demás ministerios, hay varias cosas que pueden infiltrarse en esa atmósfera y así amenazar el éxito del líder apostólico. Manifestaciones poco comunes que no se encuentran en la Biblia, escenarios y estilos sin precedente alguno y una notable falta de atención a las necesidades de las personas empiezan a crear cierta fricción. Todos pueden ver cómo crece la separación entre ellos y el apóstol. Al no tener sus necesidades satisfechas, la gente puede empezar a resentirse de la manera en la que el apóstol está utilizando su tiempo. Viajes, reuniones, conexiones con otros líderes apostólicos y la oración se convierten en un gasto suntuoso de tiempo cuando las necesidades de las personas les están gritando a la cara.

He oído decir a la gente, "Las señales y los prodigios son maravillosos. Los milagros son sorprendentes. Estoy contento por todas esas personas que ahora pueden ver. Pero nos vamos a otra iglesia en la que se preocupen por las personas, enseñen la Biblia y sean menos emotivos. En esta iglesia no hay forma alguna de que la gente, ni siquiera la nueva, pueda sentirse querida". Tal vez parezca una nimiedad, pero es una queja real que hace que la gente se aleje del líder apostólico y de la atmósfera de avivamiento después de un tiempo. El Cielo abierto y la puerta de salida abierta también son la parte agridulce del líder apostólico. Es por esto por lo que necesitan al resto del equipo.

"... Luego, Profetas..."

La siguiente pieza vital en el gobierno de una cultura de avivamiento es el papel del profeta. Es la parte de la tubería que une el Cielo con la tierra. El fundamento está incompleto sin la presencia de la unción profética. Dios enfatiza el papel tan vitalmente importante que juega el profeta a lo largo de las Escrituras:

> *Oídme, Judá y moradores de Jerusalén. Creed en Jehová vuestro Dios, y estaréis seguros; creed a sus profetas, y seréis prosperados.* [6]

El éxito aumenta como consecuencia del valor que le damos a las voces proféticas de nuestro entorno, porque nuestra prosperidad viene cuando estamos de acuerdo con la cultura del Cielo y los profetas aclaran la realidad de esa cultura y nos invitan a entrar. Nuestra experiencia con el liderazgo profético en la cultura de Bethel se ha manifestado de diversas maneras. La cantidad de voces proféticas que se han derramado para formar nuestro curso y destino parece ser enorme, desde Bob Jones hasta Bobby Conner; desde Dick Joyce hasta Dick Mills, desde Mario Murillo hasta Michael Ratliff; desde Jill Austin hasta John Paul Jackson; desde Paul Cain hasta Patricia King, Larry Randolph, Mahesh and Bonnie Chavda, Iverna Tompkins, Cindy Jacobs, Wes y Stacy Campbell y Rolland y Heidi Baker. Junto a estas voces proféticas mundiales y nacionales, también tenemos voces igual de importantes que han moldeado nuestra cultura y destino incluyendo a Wendall McGowen, Mary Anderson, Deborah Reed, Dan McCollam, Judy Franklin, Nancy Cobb y muchas otras.

---

[6] II Crónicas 20:20

Kris Vallotton es el principal escultor de la atmósfera profética de Bethel. Es un regalo de Cristo para nuestra casa y para el Cuerpo de Cristo. Su papel como profeta en nuestro entorno ha cultivado nuestra expectación para descubrir la altura y profundidad de las Buenas Nuevas. El Evangelio es más que palabras y páginas de la Escritura. Es una realidad que se debe desarrollar en la vida de cada creyente y una de las maneras principales en la que esto ocurre es a través del ministerio profético que aferra las promesas del Reino para el destino individual de alguien y las llama para que se hagan realidad a través de la declaración. (En su libro, *De Mendigo a Príncipe*, Kris presenta al mundo el sistema de valores y la revelación por medio de los cuales él ha establecido una cultura profética en Bethel).

El liderazgo de Kris y su influencia como profeta también ha cultivado nuestra expectación por ver la presencia de Dios. Necesitamos que alguien nos mantenga expectantes a la realidad siempre presente del Reino. Los apóstoles nos mantienen con fe, pero los profetas nos mantienen expectantes de la venida de Dios. Las maneras dinámicas en las que Dios habla a los profetas, incluyendo sueños, visiones y trances/éxtasis, crean una conciencia de cómo Dios se involucra con nosotros. Estas herramientas sobrenaturales nos presentan una infusión de sensibilidad hacia la actividad y los planes del Cielo.

Pero más allá de hacernos estar conscientes del Cielo a través de sus experiencias, la unción que tiene el profeta nos equipa para tener nuestras propias experiencias celestiales. Mateo 10:41 nos dice, *"El que recibe a un profeta por cuanto es profeta, recompensa de profeta recibirá..."* ¿Cuál es esta recompensa? La recompensa es ver y oír lo que el Espíritu está haciendo y diciendo. La unción profética lleva una dimensión visual y le da vista a la gente para que vea lo que era invisible antes de tener la influencia del profeta.

Jesús, que modeló el oficio de profeta, caminó dando vista sobrenatural

---

[7] Marcos 8:17

a los demás a lo largo de su caminar. A menudo preguntaba a Sus discípulos y a los que le rodeaban, *"¿No entendéis ni comprendéis?"* [7] La respuesta era siempre que no porque Él estaba presentando un punto de vista totalmente diferente sobre la vida, especialmente a los líderes religiosos. Pero esa pregunta hizo que esas mismas personas empezasen a buscar algo que nunca habían considerado. Como resultado de todo esto, recibieron *ojos para ver*.

El profeta y el apóstol pueden llevarse a la perfección porque ambos están mirando al Cielo y están recreando sobre la tierra lo que ven ahí. Deberían trabajar juntos a modo de arco y flecha en busca de las mismas metas. No hay duda de que ésta es la razón por la que son el fundamento de la iglesia del Nuevo Testamento.

"… Tercero, Maestros…"

Después tenemos a los maestros. Como he mencionado, el maestro ha sido considerado como la unción más alta en la iglesia americana. Pero la verdad es que no es la unción más alta, sino el tercer nivel de unción. Es la "C"[8] en la escala de las notas y es lo que mantiene a la iglesia con un promedio suficiente en su efectividad e influencia. Nuestra necesidad y oportunidad es subir de unción hasta conseguir una "A" mediante el crecimiento.

Antes de entrar demasiado de lleno en esta sección sobre los maestros, tengo que confesar que lo que escriba no va a satisfacer las necesidades de los maestros cuando lo lean. Para la mayoría de ellos, esta sección debería haber sido un libro por separado porque los maestros necesitan mucha información antes de poder llegar a casi cualquier conclusión. Respeto esto acerca de los maestros. No voy a emplear mucha energía para convencerles de que yo tengo razón o de que ellos están equivocados. Sencillamente voy a presentar la razón por la que pienso que nos hemos

---

[8] Nota de la Traductora: Las notas en los Estados Unidos se dan por medio de letras. La "A" sería el sobresaliente, la "B" notable y la "C" suficiente.

equivocado en gran manera al hacer del maestro la unción más alta que opera en la iglesia Americana.

La cultura de iglesia que tenemos hoy en día valora mucho la seguridad que sentimos cuando podemos probar que aquello a lo que hemos entregado nuestra vida es correcto. Para poder afirmar nuestra fe asumimos que tenemos que poder razonarla hasta llegar a una conclusión lógica. Pero la cuestión es que nuestra necesidad de tener tanta certeza proviene de la incertidumbre. Cuando el Cielo deja de manifestarse en la Iglesia, los cristianos tienen que *probar* que, de alguna manera, es razonable seguir a Jesús. Cuando el poder del Evangelio se ve remplazado por argumentos, todo el mundo debería preocuparse. Cuando el cáncer, la parálisis, los tumores y las enfermedades mentales se van de los cuerpos de las personas, no necesitamos un argumento. Cuando una persona experimenta el toque del Cielo es prueba suficiente de que Jesús es quien dice que es.

Pero cuando al Iglesia insiste en tener una cultura lógica, la demanda crece por tener un evangelio lógico y, por lo tanto, acudimos a los maestros. La mayoría de los maestros hoy en día se fijan en la Palabra *escrita* de Dios. Creen que la Palabra de Dios es la fuente de vida y de verdad en la tierra. Su valor por la Palabra es mayor que su necesidad de lo sobrenatural. Estos son los abogados, escribas y fariseos de nuestro día. Pueden desenvainar la "Espada" contra el mejor. El maestro tiene una necesidad profunda e impulsiva de tener razón y ve el mundo principalmente en términos de "escritural" y "no escritural". Ya que el enfoque del maestro está en la Palabra, la unción del maestro influye en el enfoque que tiene la iglesia sobre la Palabra. Por favor, no me malinterpretes; no estoy intentando devaluar la Palabra, pero quiero que entendamos la importancia que ha perdido el cielo a causa de este craso error y desorden. Los maestros, como influencia primordial de la Iglesia, han hecho que volvamos nuestra mirada a la ley.

Cuando fijamos nuestra mirada exclusivamente en la Palabra, empezamos a luchar entre nosotros por causa de la misma. Empezamos a despedazar el Cuerpo de Cristo porque existe lo correcto y lo incorrecto. Todo maestro se ve compelido a tener razón. Como dijo Pablo a los corintios, tenemos "muchos maestros" en el Cuerpo de Cristo. Y cuando los maestros no están de acuerdo, como a menudo es el caso, hay división. Líder tras líder empiezan a imponer su visión sobre la doctrina y la teología y buscan evidencias para apoyar su punto de vista y desacreditar el punto de vista ajeno.

¿Cuál, pues, es el papel del maestro en la iglesia si no es el probar que los cristianos tienen razón al creer en lo que creen? Para que los maestros puedan jugar su papel en la cultura de la Iglesia, van a tener que estar dispuestos, en primer lugar, a ir tras un estilo de vida sobrenatural. Van a tener que encontrarse insatisfechos con la armadura de sus propios argumentos y la falta de vida de su teología. Van a tener que incrementar su valentía y arriesgarse al fracaso viviendo una vida que no puede responder todas las preguntas con las que se encuentran. Los maestros deben aceptar lo desconocido.

La unción del maestro hará que siempre tenga un gran interés por la educación. Tendrá la tendencia a pensar que la mayoría de los problemas se solucionarían mediante la enseñanza, informando a las personas según lo que dicen las Escrituras. Pero el verdadero cambio que quieren ver vendrá bajo el liderazgo de una cultura apostólica y profética. En una cultura sobrenatural, los maestros enseñan con resultados sobrenaturales.

Cuando Jesús enseñó a la multitud acerca del Reino de los Cielos, siempre les demostraba el Reino. Sus discípulos estaban en un aula experimental interminable. Jesús llevó la demostración a un nivel nunca visto. Nuestros maestros deben volver a incluir en sus lecciones la demostración. He oído a Bill Johnson decir muchas veces, "Jesús es la teología perfecta". Estoy de acuerdo. Si vemos a Jesús haciéndolo, entonces estamos con algo bueno. Si Él no hizo nada parecido a lo que estamos haciendo, deberíamos cuestionarnos, "¿Qué salió mal?"

Los maestros deben tomar la pasión y la revelación de los apóstoles y de los profetas y nos deben mostrar cómo se puede convertir en una verdad aplicable a nuestras vidas. El papel del maestro es ayudar a repetir el proceso de lo sobrenatural para después equipar a los santos a que cooperen con esos procesos. El amor a la Escritura y el conocimiento que tienen los maestros les ayudan a comunicar los complicados procesos mediante analogías y aplicaciones sencillas.

Randy Clark, de Global Awakening, es un ejemplo excelente de alguien con el don de la enseñanza que lo utiliza para ayudar al mundo y a la Iglesia a entender lo sobrenatural. Aunque es un líder apostólico, su don de enseñanza opera en esa unción más alta. Por lo tanto, usa su entendimiento de la Escritura, la historia, la teología y a la gente para conectar revelaciones misteriosas con la práctica de la vida diaria. Su manera de instruir a las personas sobre cómo se debe orar por los enfermos es excelente y sus métodos para movilizar equipos de oración para ministrar a multitudes en sus cruzadas son muy efectivos. Los creyentes que nunca han orado por otras personas están a pocas horas de distancia de ver milagro tras milagro.

Una cultura de avivamiento exitosa tiene maestros que perpetúan lo sobrenatural de esa cultura. Los días en los que sólo se enseñaba nuestra limitada experiencia han pasado. Ahora debemos aprender a enseñar cómo y qué está haciendo el Cielo cada día en cada persona.

¿Dónde Encajan los Pastores?

Ay, los pastores amados, ¿dónde pondríamos otro papel que ha ayudado a completar el desorden en el gobierno de la iglesia? Pastor Principal[9].

---

[9]   Nota de la Traductora: El título en inglés es el de Senior Pastor que no existe en español notable y la "C" suficiente.

Qué título tan extraño cuando miramos la lista que Pablo menciona en I Corintios 12. De hecho, si miras esa lista, ni siquiera menciona al pastor y mucho menos lo enumera. ¿Cómo, pues, se ha convertido Pastor Principal en el título de la persona más importante en la estructura de la iglesia? Tengo un presentimiento.

Cuando se reúne un grupo de personas, sea en una familia, una comunidad, un negocio, una escuela o una iglesia, no va a pasar mucho tiempo antes de que ese grupo se organice de tal manera que sus necesidades se vean suplidas. Imaginemos una escena de supervivencia de una película: El barco se hunde, el avión se estrella y la gente está perdida. Sea cual fuere el incidente, los pasos a seguir son los mismos. Las prioridades son comida y agua, cobijo, seguridad y esperanza de ser rescatados. Cuanto más tiempo tarda el rescate, más fuerza empiezan a tomar otras prioridades. ¿Quién va a dirigirnos? La suerte suele caerle al que tenga el plan más arriesgado para salvar al grupo, al "Indiana Jones", por así decirlo. Si eso no funciona, el grupo se dispone a pensar en la supervivencia a largo plazo. El líder que escojan para ese largo plazo será mucho más compasivo, estable, práctico y predecible. Este líder se asegurará de que las necesidades de las personas sean suplidas. Se asegurará de que estén a salvo y se comporten de manera civilizada. Será su pastor.

Los pastores emergen como líderes a largo plazo cuando toda esperanza de rescate se ha perdido. La gente se reúne alrededor de un líder que ellos consideran que va a preocuparse por sus necesidades particulares. Esto sale a relucir en la política y en los negocios al igual que en las iglesias. Si la gente se centra primordialmente en sí misma, elegirá un líder que tenga esa misma prioridad. Cuando la cuestión es supervivencia a largo plazo, la gente buscará una unción pastoral que les lidere. Es así de sencillo.

Si los pastores no están en conexión con los apóstoles y los profetas, entonces su liderazgo hará que la gente vuelva a centrarse en sí misma y el pastor les tendrá que dar una alternativa natural en vez de la vida sobrenatural. Cuando una unción pastoral es el líder principal, la gente espera ser el centro del universo. Y, desafortunadamente, el pastor prospera, durante un tiempo, en esa expectativa aunque, normalmente, va seguida del desgaste.

Pero cuando la unción pastoral está conectada al apóstol y al profeta, se convierte en otra pieza vital del fluir existente entre el Cielo y la tierra. Estos líderes que se preocupan por los demás y que son compasivos son la solución necesaria al problema de la "puerta de atrás" que tienen los apóstoles y los profetas en su liderazgo. Los pastores, en una cultura de avivamiento, ofrecen liderazgo a la gente. La unción pastoral hace que haya un gran favor con la gente a causa de la conexión que establece el pastor con ellos. Estos son los líderes que estarán con ellos en sus vidas, hogares y familias. Estos son los líderes que se sentarán con ellos y solucionarán sus problemas matrimoniales. Estos son los líderes que conocerán sus luchas a la hora de encontrar trabajo o con la educación de sus hijos adolescentes.

Si los pastores pudieran aprender a mantener un enfoque dual entre el Cielo y la gente, serán los que traigan una cultura de avivamiento a las vidas cotidianas de los santos. Mantener este enfoque en equilibrio requiere un gran esfuerzo, porque los pastores, de manera natural, quieren que la gente se sienta amada, discipulada, conectada y protegida. Pero cuando se someten al liderazgo apostólico, pueden desarrollar grupos reducidos, por ejemplo, sin que ese grupo se convierta en el grupo central de la iglesia.

Con la expansión del propósito y la visión, los pastores son mucho menos territoriales y avasalladores. El permitir que otros pastores surjan a su lado ya no es un oportunidad para competir ni una amenaza. Los pastores que están bajo una unción apostólica pueden dirigir a mucha gente más porque ésta no necesita ya el poder de la presencia del pastor.

Los pastores traen la presencia nutritiva de Dios a las vidas de las personas. Conectan a las personas con el ambiente de guiar a la gente hacia sí mismos para mostrarles el amor que tienen hacia las personas dolidas, los pastores empiezan a dirigir a la gente a la presencia de Dios para que encuentren las soluciones para los problemas de sus vidas. Es el beneplácito de los pastores ver cómo los santos encuentran los pastos verdes de libertad y consuelo que están a su disposición gracias al ministerio apostólico.

¿Qué Pasa con los Perdidos?

Los evangelistas son los que forman la parte final del embudo que se asegura de que el fluir celestial que pasa por los apóstoles, profetas, maestros y pastores llega al deseado blanco – los que están en tinieblas. La unción del evangelista hace que se centre en las almas de los que todavía no han conocido a Jesús y esa es su preocupación y motivación principal. Y, siendo realistas, si el ministerio de la Iglesia no está llegando a aquéllos que todavía no conocen al Señor, la función de las demás unciones no tiene casi ningún sentido. Tal vez haya sido esta convicción la que, de manera extraña, hace que los evangelistas sean cristianos que parezcan estar enfadados con los cristianos. Puede convertirse en una frustración eterna para aquéllos que tienen esta unción el ver que estamos haciendo otro estudio bíblico en la iglesia mientras que la gente de la ciudad está pereciendo en el fuego eterno. Para ellos esto no tiene ningún sentido.

Sin embargo, estamos todos en el mismo equipo. Frustrándonos los unos con los otros no ayudamos a que fluyamos juntos, por lo que ¿cuál es la solución? Creo que es hora de que el ministerio de evangelista – que se extiende a los inconversos y equipa a los santos para que lo hagan también – se integre más profundamente en los propósitos más extensos del ministerio apostólico.

Para nosotros es fácil creer que cualquiera puede llevar a otra persona a Jesús. Tenemos gran fe en que cuando oramos por alguien para que acepte a Jesús, esa persona nace de nuevo, ahí mismo donde se encuentra. La gran mayoría de la iglesia cristiana de hoy en día cree que esto es verdad. Este concepto no hace sino adquirir más y más impulso desde que se introdujo hace varios cientos de años durante el avivamiento. Fue captado por maestros y pastores y preservado entre las personas de la iglesia. Hoy los metodistas, los bautistas y otros evangélicos son campeones de la salvación por todo el mundo y casi toda denominación cristiana envía misioneros para que lleven el mensaje de salvación a los confines de la tierra. La cultura de la mayoría de las iglesias practica el evangelismo entre las personas. Los maestros les enseñan y los pastores les animan. Los evangelistas tocan el tambor por donde vayan: "¡Debemos ir y ganar almas!" Pero la pregunta aún mayor es, "¿Y después?"

La meta es que el Reino del Cielo invada la tierra y no que los inconversos invadan la Iglesia. La cooperación entre todos los dones del ministerio es la única manera en la que se puede llevar a cabo el objetivo principal de la Iglesia. Debemos cooperar con el Espíritu Santo uniendo las piezas de manera cuidadosa e intencionada del embudo que encauza al Cielo y a todo su poder y libertad hacia la tierra. Cuando lo hacemos, la importancia de toda la Iglesia cristiana plenamente equipada por todos los dones ministeriales que hace que el Reino del Cielo "gotee" desde nuestras vidas pronto llegará a ser un concepto tan comúnmente aceptado como orar por la salvación.

El Honor Es el Soporte Físico

El honor es el soporte físico que le da el toque final a todo este ensamblaje. Este "embudo" en realidad es una red de relaciones, relaciones en las que el "fluir" que estoy describiendo sólo continúa a medida que aprendemos a reconocer estas unciones y tareas dadas por Dios, liberando a las personas para que puedan operar en ellas y recibiendo lo que nos tienen que dar. Aquéllos que han sido llamados a operar en la unción quíntuple, como muestra mi propia historia, necesitan otros miembros del ministerio quíntuple, especialmente a los apóstoles y a los profetas, para identificar esas unciones. Ninguno de nosotros nos autoproclamamos en el Reino. Dios unge a una persona y Su espíritu en el resto del equipo crea un testimonio corporal que reconoce la unción de Dios y recibe a esta persona en su papel. Sólo actos de honor como éste pueden establecer y sostener este tipo de relaciones.

El diseño quíntuple para el liderazgo es, obviamente, un diseño de equipo, por lo que la versión de un solo hombre en el liderazgo de la Iglesia no es una expresión de dicho diseño como tampoco lo es el estilo burocrático y homogéneo de "todo el mundo puede hacer todo". Cada una de las diferentes unciones contribuyen algo totalmente único al proyecto de traer el Cielo a la tierra y esto requiere que haya honra y una actitud (no democrática) que dice, "Tienes algo que yo no tengo y necesito lo que tienes".

Cuando los líderes quíntuples modelan este tipo de honor entre ellos, entonces "equipar a los santos" se convierte en un asunto de gran honor al dejar a cada creyente libre en su propia identidad y destino. Cada creyente entiende lo significativo que es en relación con el Cuerpo y empieza a arraigarse la convicción: "Yo llevo algo que nadie más lleva. Debo desarrollar y dejar fluir mis dones en la Iglesia y en el mundo y debo hacer mi parte para traer el Cielo a la tierra". El honor otorga poder a la gente.

Es hora de que todos los que están en la Iglesia empiecen a honrar a aquéllos que tienen la unción quíntuple, comenzando por los que tienen las unción quíntuple. Los apóstoles, profetas, maestros, pastores y evangelistas deben honrarse entre sí y recibirse los unos a los otros con el nombre "correcto". Tanto los líderes de la iglesia como los creyentes deben tener una relación correcta con el gobierno del Cielo. Al hacerlo, esas cosas que están descoyuntadas serán restauradas a su lugar y enganchadas al fluir del embudo.

El honor ha caído en los momentos difíciles de nuestra cultura. La independencia es adorada. Nos centramos en nuestras relaciones privadas con Dios y nos cuesta reconocer la autoridad espiritual y considerar a los demás como más importantes que nosotros. El resultado es que hemos cortado el fluir del Cielo. El crecimiento tan asombroso que ha experimentado Bethel en los últimos diez años es un testimonio de la asombrosa diferencia que la gente está viendo en una atmósfera donde el embudo está conectado y la gente está entrando en el fluir.

De la misma manera en la que Moisés derramó aceite sobre la cabeza de Aarón, Dios está derramando de manera continua vida, gozo, salud, paz y todas las demás bendiciones del Cielo por este embudo. Los muchos efectos maravillosos de un ambiente cargado de lo sobrenatural es sobrecogedor. "Ya no estamos en Kansas, Toto" es el sentimiento que muchos tienen cuando experimentan una iglesia donde el Cielo llena la habitación. Es la experiencia poderosa de un odre que es plenamente capaz de llevar y derramar lo que Dios nos ha prometido desde siempre – un derramamiento para el que hemos sido creados. Pero tan sólo el honor creará este odre, lo mantendrá intacto y nos involucrará con lo que lleva dentro.

CAPÍTULO TRES

GOBERNANDO DESDE EL CIELO

...y el principado sobre su hombro...
Lo dilatado de su imperio y la paz no tendrán límite,
sobre el trono de David y sobre su reino,
disponiéndolo y confirmándolo en juicio y en justicia
desde ahora y para siempre.
El celo de Jehová de los ejércitos hará esto.

Isaías 9:6-7

E ste capítulo golpea al corazón del Acusador. Pero, primero, tengo que dar un pequeño aviso porque voy a ofenderte durante un rato. Voy a jugar con tu paradigma de justicia. Lo voy a sacar, a reírme de él, a hacerle cosquillas y después lo voy a tirar escaleras abajo a patadas. ¿De acuerdo? Vas a tener que ir corriendo escaleras abajo si quieres recuperarlo.

Imagina esto. Tu hijo, que está en quinto grado, llega a casa y dice: "Mis notas". Coges el sobre, lo abres y te das cuenta de que no ha aprobado una asignatura. Tu hijo de 10 años tiene un insuficiente - ¡horror! El espíritu de temor se empieza a manifestar en ti, como lo haría en el corazón de cualquier padre. "Un niño de quinto con un insuficiente – está destinado al fracaso ¡al fracaso! Se acabó. Los insuficientes no deben llegar hasta el bachillerato".

Por supuesto, con el corazón atenazado por el temor, todo lo que puedes llegar a pensar es, "¿Cómo puedo controlar el resultado educativo de este niño?" Esta sería la manera de pensar de cualquier buen padre. ¿Cómo vas a controlar a tu hijo para que obtenga tu meta, porque le amas? Esta es parte de la lección sobre el amor que la mayoría enseñamos a nuestros hijos: *Lo que amamos, intentamos controlarlo.*

Me gustaría presentarte otra opción. Imagínate al padre que va a su hijo y le dice, "¡Oh, no! ¿Un insuficiente en quinto? Tenemos un niño tempranero, uno adelantado a su tiempo – siempre lo supe. Quiero que sepas que tu madre y yo hemos hablado. Nos hemos dado cuenta de algo, y queremos que lo sepas – te vamos a amar sin importar cuántos años necesites para terminar quinto. Y, por cierto, también nos hemos dado cuenta de esto otro – si esperas dos años más, tu hermana pequeña estará en tu misma clase. Irás con ella y sus amigos a fiestas de cumpleaños y podrás hacer cosas así con todos ellos".

Tu hijo, estudiante de quinto, te va a mirar a los ojos y te va a decir, "¿Años?"

"Claro".

"No voy a necesitar años para acabar quinto". Y, he aquí, se responsabiliza del problema aquél que debería hacerlo desde un principio.

La manera en la que tratamos a nuestros hijos cuando se equivocan refleja claramente lo que creemos sobre el fracaso humano, en especial sobre el pecado. Tantos de nosotros pensamos que el pecado, los errores, y el fracaso son más poderosos que el corazón de Dios hacia nosotros. Pensamos que el fracaso es una fuerza poderosa que nos vencerá y que, por lo tanto, debemos manifestar un seudo-poder sobre él asociándonos con el espíritu del temor. Pero cuando los discípulos iban a hacer que descendiera fuego del cielo sobre la multitud que no le había mostrado respeto a Jesús, Jesús se limitó a mover la cabeza. *"No sabéis de qué espíritu sois"* [1]. II Timoteo 1:7 nos dice que no se nos ha dado espíritu de temor sino de poder, de amor y de dominio propio, o auto-control. Date cuenta que no es el espíritu de "otro-control" (o sea, controlar a "otro").

Tener miedo del pecado de otra persona, nos hace enloquecer en la presencia de dicho pecado. No somos nosotros. No somos nosotros cuando estamos tratando con los errores de los demás. Nos ocurre algo extraño, y como resultado acabamos dándole a la paternidad y al liderazgo una mala reputación. ¿Sabes cuántas personas necesitan consejo a causa de haber tenido una interacción dañina con el liderazgo? Es una experiencia demasiado conocida para nosotros, los líderes, lo de cooperar con un plan demoníaco motivado por un espíritu de temor. Cuando nos vemos confrontados por los errores de la gente, con algo que tal vez no controlemos en ese mismo momento, nos entra el miedo y ejercitamos nuestra autoridad en el espíritu equivocado.

Con esta actitud, proyectamos la idea de que Dios está tan asustado del pecado como nosotros. Pero ¿de qué tiene miedo Dios, por cierto? De nada. Exactamente – de nada. No tiene miedo de nada porque el amor echa fuera el temor y Él es amor [2]. Él es el amor. Si no estás sintiendo el amor cuando Él está ahí, algo va mal, porque ese es Él - *¡amor!* Cuando sientes temor, no es Él.

Por lo que tenemos que decidir - ¿con qué nos vamos a asociar cuando estamos ante el pecado? Esto es lo que hizo que Jesús quedara como el tipo más listo. Jesús entraba y salía de las vidas de los pecadores. Entraba en un bar con rameras y ladrones y decía, "Hola, muchachos, ¿qué tal? ¿Sabes? Erase una vez un rabino, un sacerdote y un predicador bautista…" Y esa gente le amaba. Decían entre sí, "No sé quién es este tipo pero le amo, le amo, le amo".

---

[1]   Lucas 9:55
[2]   Ver Juan 4:8, 18

Sin embargo, los fariseos eran más de, "Tú, leproso, toca esta campana cuando estés por aquí porque me das miedo. Oh, no, una mujer con el período. Oh, no, gente muerta. ¿Dónde nos podemos esconder? Entremos al templo. ¡No me sudes encima, no me sudes encima!" Jesús sabía en qué consistía el amor, pero los fariseos no tenían ni idea. Así que, en la presencia del pecado, los fariseos tenían miedo, pero cuando Jesús estaba ante el pecado, Él era la solución, el remedio, era poderoso.

Somos In-Castigables

Mediante la cruz, Jesús introdujo algo en el mundo que todavía no entendemos. Ha hecho que cada uno de nosotros quedemos sin castigo. Somos "in-castigables". Esto no es un deseo y seguramente hasta lo hayáis oído en una predicación. Es nuestra teología a la hora de alcanzar al perdido, "Ven al Reino del Cielo libremente y sé limpio de tus pecados". Declaramos esto desde cada púlpito del país.

El pecado no tiene por qué ser castigado. No necesita ser controlado. No es una fuerza poderosa. Pero, sencillamente, no lo creemos. Es fácil predicar cosas. Otra cuestión es vivirlo.

Consideremos lo que el apóstol Juan dijo acerca de cómo tratamos con el pecado después de la cruz:

> *Hijitos, os escribo estas cosas para que no pequéis. Y si alguno pecare, abogado tenemos para con el Padre, a Jesucristo el justo.*[3]

Juan mencionó algo de lo que ya no hablamos. Por lo menos, no lo he oído durante bastante tiempo. Dijo, "tenemos un abogado en Jesús. Tenemos el mejor abogado de la ciudad. Vamos a salir de ésta". Jesús está ahí mismo con nosotros, en cada momento, para ayudarnos a hacer valer la victoria que Él ha ganado sobre el pecado de nuestras vidas. Después de decir esto, Juan se pasa el resto del libro explicándolo, a causa de la

---

[3] I Juan 2:1

cruz nuestra vida no se centra en intentar no pecar, sino en cumplir el mandamiento de amar. Pero cumpliremos con éxito el mandamiento de amar dependiendo del grado en el que verdaderamente entendamos y creamos que la victoria que Jesús obtuvo en realidad quiere decir:

Él mismo es la propiciación por nuestros pecados; y no sólo por los nuestros, sino también por los de todo el mundo.[4]

Este versículo nos presenta algo, pero tienes que saber lo que quiere decir la palabra *propiciación* ¿verdad? Tiene que significar algo para ti. No puedes leerlo por encima y decir, "bla, bla, bla. Lo que sea, algo… algo muy antiguo". La propiciación es la palabra para el pago. Él pagó el rescate. Literalmente quiere decir que Jesús satisfizo la ira de Dios a causa del pecado. La muerte de Jesús en la cruz satisfizo la necesidad que tenía Dios de castigar el pecado en el hombre. Cuando Jesús fue a la cruz y dio Su vida como sacrificio perfecto, terminó con esa condición insaciable. También introdujo una realidad completamente diferente basada en una relación completamente diferente entre Dios y la humanidad. Quitó de en medio la necesidad de que hubiera castigo. Quitó el temor de nuestra relación con Él.

I Juan 4:18 dice, *"En el amor no hay temor, sino que el perfecto amor echa fuera el temor; porque el temor lleva en sí castigo. De donde el que teme, no ha sido perfeccionado en el amor."* Si vamos a dirigir a nuestras comunidades al avivamiento y si vamos a edificar una casa para que reine el amor, debemos saber cómo interactuar los unos con los otros de tal manera que se elimine la opción del castigo, la necesidad de controlar a la gente cuando fracasa. Cuando estamos ante el pecado y respondemos en temor y en control, nos hace parecer tontos. Sería bueno des-aprender esto. Sería bueno romper el acuerdo que tenemos con esto. El que peca no tiene que ser castigado. Debemos pensar en una respuesta a la vida real de la gente que nos rodea, la vida real de la gente

---

[4] I Juan 2:2

que pastoreamos, la vida real de la gente en las comunidades en las que vivimos – una respuesta al pecado que no contenga castigo.

La Intersección en el Camino

Creo que lo que principalmente nos ayudará a cambiar nuestra respuesta al pecado es obtener un entendimiento más profundo del nuevo pacto que Cristo ha establecido para nosotros. El apóstol Pablo era un apasionado a la hora de mostrarnos que tenemos que elegir entre dos maneras diferentes de vivir en relación con Dios, y cuando no entendemos la naturaleza de esas relaciones, tenemos problemas. En Gálatas 3, Pablo le pregunta a los gálatas, "¿Quién les fascinó? ¿Qué les ha pasado? Acabo de estar ahí hace un rato y estaban bien. ¿Qué pasa? ¿Quién los ha engañado? ¿Quién les ha dado permiso para alterar de manera completa su sistema de valores?" Después pasa a diagnosticar el problema: "Están intentando practicar dos pactos. Están intentando vivir en dos campamentos".

En Gálatas 4 distingue el Antiguo del Nuevo Pacto comparándolos con los dos retoños de Abraham. Ismael, el hijo de Agar, la esclava, representa el Antiguo Pacto, e Isaac, el hijo de Sara, la mujer libre, que representa el Nuevo Pacto. En Gálatas 4:30 cita una parte de Génesis: "*Echa fuera a la esclava, y a su hijo, porque no heredará el hijo de la esclava con el hijo de la libre*". En otras palabras, los dos pactos no pueden coexistir. O eres un esclavo que está bajo la ley, o eres un hijo libre. El amor y el temor no tienen comunión entre sí. No puedes desarrollar los dos; tienes que escoger.

Concluye identificando a aquéllos que se han asido de Cristo: "*Así pues, hermanos, no somos hijos de la esclava, sino de la libre*"[5]. En el siguiente versículo, Gálatas 5:1, dice, "*Estad, pues, firmes en la libertad con que Cristo nos hizo libres, y no estéis otra vez sujetos al yugo de esclavitud*". Está diciendo, "Muy bien. Tienes dos opciones. Si quieres, puedes vivir

---

[5] Gálatas 4:31

una vida en la que protege las reglas. Pero si quieres, si te comprometes a vivir protegiendo tu relación con las reglas, te encontrarás en el Antiguo Pacto".

La razón por la que Pablo está tan preocupado es porque estos dos pactos producen resultados muy diferentes. Más adelante en su epístola menciona que regañó a Pedro, que debería haberlo sabido ya, por haber intentado hacer que los creyentes gentiles obedecieran las reglas del Antiguo Pacto y después explica por qué estaba causando problemas:

> *Nosotros, judíos de nacimiento, y no pecadores de entre los gentiles, sabiendo que el hombre no es justificado por las obras de la ley, sino por la fe de Jesucristo, nosotros también hemos creído en Jesucristo, para ser justificados por la fe de Cristo y no por las obras de la ley, por cuanto por las obras de la ley nadie será justificado. Y si buscando ser justificados en Cristo, también nosotros somos hallados pecadores, ¿es por eso Cristo ministro de pecado? En ninguna manera. Porque si las cosas que destruí, las mismas vuelvo a edificar, transgresor me hago. Porque yo por la ley soy muerto para la ley, a fin de vivir para Dios. Con Cristo estoy juntamente crucificado, y ya no vivo yo, mas vive Cristo en mí; y lo que ahora vivo en la carne, lo vivo en la fe del Hijo de Dios, el cual me amó y se entregó a sí mismo por mí. No desecho la gracia de Dios; pues si por la ley fuese la justicia, entonces por demás murió Cristo.*[6]

Está diciendo que cuando empezamos a obedecer las reglas del Antiguo Pacto, permitimos que nos identifiquen como aquéllos para los que fue dado el pacto, esto es, pecadores. Cuando nos definimos como pecadores, por definición nos merecemos ser juzgados y castigados. Cuando

---

[6] Gálatas 2:15-21

protegemos nuestra relación con las reglas, el resultado no puede ser algo que no sea el castigo. No sólo eso, sino que cuando escogemos este pacto sabiendo que Cristo ya ha tratado con el tema del pecado y ha abierto el camino para que nos relacionemos con el Padre como hijos e hijas, lo que en realidad estamos diciendo es que la muerte de Cristo no tuvo sentido y nos estamos separando de lo único que nos puede salvar – la gracia. Ahora puedes entender por qué estaba Pablo tan enfadado con Pedro.

Desafortunadamente, esta misma cuestión tiene que ser tratada en muchas de nuestras iglesias. La unción del maestro se arruina cuando eleva la enseñanza de reglas como si fuera algo supremo, llevando a la gente a prestar atención y cultivar nuestra relación con las reglas de Dios, de Cristo. Solemos decir, "Oye, esto no se trata de religión, se trata de relación". Hemos hecho gala de este pensamiento en las pegatinas de los coches, en las camisetas y en los lavados de coches que tienen banderines. Pero mira cómo responden la mayoría de los entornos de la iglesia cuando alguien rompe las reglas. Todas las respuestas van dirigidas a pastorear a la persona para que vuelva a tener una relación correcta con las reglas. El castigo es la herramienta por excelencia para restaurar esa relación correcta con la cultura de las reglas.

El problema es que en Cristo realmente no se nos ha dado una relación con las reglas sino una relación con el Espíritu, una relación de corazón a corazón, una relación que practica el amor. En Romanos 7, Pablo habla acerca de dos leyes – la ley del pecado y la ley de vida en Cristo – y declara que la ley del Espíritu de vida en Cristo nos ha liberado de la ley del pecado y de la muerte, de la ley de la relación con las reglas. Pero esa no es la relación o la realidad para la mayoría de la gente. La mayoría de las personas tienen una relación con las reglas y, por lo tanto, su comportamiento se ve motivado por el temor al castigo, en vez de por el amor.

Voy a darte un ejemplo inofensivo. Vas por la autopista. Todos siguen el fluir del tráfico… menos un tipo que está adelantando por la derecha y por la izquierda. Va más rápido que el resto del tráfico. Lo que ves después es que hay un coche patrulla que se acerca. Ahí está. Todo el mundo es muy consciente de que está ahí el coche patrulla. "¡Madre mía! La poli está ahí. Voy a llegar tarde. No he considerado este factor cuando compuse la fórmula que expresa lo que iba a tardar. ¿Qué voy a hacer?" Es como, "Tiburón en el agua. Vamos, todo el mundo, ¿a quién se va a comer?" Y todo el mundo acelera, ¿verdad? ¡No!, como norma general no sucede eso. Todo el mundo baja la velocidad. Todos intentamos quedarnos por detrás del coche patrulla. ¿Por qué? Porque todo el mundo quiere proteger su relación con las reglas y así evitar el castigo. Cuando la policía para al que iba como loco y se sale de la autopista, todo el mundo vuelve al "fluir normal del tráfico".

Es cierto que todo el mundo sabe que las leyes de tráfico son buenas y que deberían ser respetadas. De manera similar, Pablo explica que la ley de Dios es buena y que reveló el poder del pecado en su vida y su necesidad de ser redimido. Ese era el propósito del Antiguo Pacto. Sin embargo, la ley por sí misma no podía traer salvación. Sólo en la muerte de Cristo podemos morir al pecado y ser libres para vivir de acuerdo con una ley diferente.

Pablo dice:

> *Porque según el hombre interior, me deleito en la ley de Dios; pero veo otra ley en mis miembros, que se rebela contra la ley de mi mente, y que me lleva cautivo a la ley del pecado que está en mis miembros ¿quién me librará de este cuerpo de muerte?*[7]

Y continúa diciendo:

> *Gracias doy a Dios, por Jesucristo Señor nuestro. Así que,*

---

[7] Romanos 7:22-24

*yo mismo con la mente sirvo a la ley de Dios, mas con la
carne (la que murió con Cristo) a la ley del pecado.*[8]

En el capítulo anterior nos da la clave para guardarnos de caminar en
la realidad que nos saca del Antiguo Pacto y nos introduce en el Nuevo –
"*...consideraos muertos al pecado, pero vivos para Dios en Cristo
Jesús, Señor nuestro*"[9]. Esa palabra *considerar* quiere decir considerar
la evidencia y emitir un juicio. El veredicto de Dios sobre cada creyente
es que estamos muertos al pecado en Cristo.

Pablo explica que la ley era sólo para los pecadores. Ya que, en Cristo
estamos muertos al pecado, hemos sido librados de una vida que intenta
proteger su conexión con las reglas. Romanos 8:1 nos dice, "*Por
lo cual, no hay condenación (castigo) para los que están en Cristo
Jesús*". Después nos dice que estar "en Cristo Jesús" quiere decir que
somos aquéllos que "*andan conforme al Espíritu y no conforme a la
carne*". Nuestra experiencia de vivir sin condenación depende de cómo
caminemos. No experimentamos condenación cuando caminamos, no de
acuerdo con nuestra relación con las reglas, sino de acuerdo con nuestra
relación de amor. Ser impunes es el resultado de caminar, mediante fe
y gracia, en una relación con el Espíritu. De lo que se trata es de una
conexión de corazón con corazón, mi unión, mi atención a una relación
con Cristo.

Al caminar en el Espíritu, la pregunta que debemos hacer constantemente
es cómo está afectando a mi vida esa relación. Guardar la ley de vida en
Cristo quiere decir que me conduzco de tal manera que preservo y protejo
mi conexión con Su corazón. No se trata de protegerme del castigador
cuando quebranto las reglas. Muchos de nosotros creemos que cuando
Jesús dijo, "*Si me amáis, guardad (obedecer) mis mandamientos*"[10],
quiso decir, "Si me amas, déjame que te controle". Si sigo teniendo la

---

8   Romanos 7:25
9   Romanos 6:11
10   Juan 14:15

mentalidad que se nutre de la ley del pecado y de la muerte, escucharé decir a Jesús es, "Mantén tu relación con Mis reglas".

Desde una perspectiva del Antiguo Testamento Juan 14:15 suena como otro intento de parte de Dios por controlarnos. "Si Me amas, obedecerás mis mandamientos". El problema, por supuesto, es que no hay una lista de mandamientos escritos por Jesús. Podemos conseguir reunir una en nuestro esfuerzo por proteger nuestra relación con Sus reglas, pero esa no es la meta de este versículo. Jesús no está intentando presentar el "Nuevo Antiguo Testamento" a aquéllos por los que murió para liberarlos.

Pero cuando oímos este mandamiento desde el punto de vista de la ley de Cristo, oímos, "Si Me amas, se manifestará en la manera en la que tratas las cosas que te he dicho que son importantes para Mí. La manera en la que te mueves en nuestra relación va a ser un fiel indicador de tu amor. ¿Qué vas a hacer? No quiero controlarte y no tengo el control sobre ti. Es por esto por lo que te he dado un espíritu de auto-control. Es la atención que prestas a nuestra relación y la habilidad a la hora de conducirte en esta relación para poder crear y sustentar la intimidad lo que manifiesta la ley de vida en Cristo. Mediante la intimidad –la posibilidad de ver el uno dentro del corazón del otro –aprendes lo que es importante para Mí y, si Me amas, ajustarás tu comportamiento para proteger Mi corazón".

En el Sermón del Monte, Jesús dijo algunas cosas que parecen ser una versión más estricta de las antiguas normas. De hecho, el tipo de comportamiento que describió es imposible para cualquier pecador ponerlo por obra. Pero Jesús no estaba dando estos mandamientos a los pecadores – se los estaba dando a los hijos del Nuevo Pacto que tendrían acceso a una naturaleza totalmente nueva y a una gracia sobrenatural. Estaba sencillamente describiendo cómo se comportarían estas personas. Recuerda, el Antiguo Pacto era un pacto externo, un sistema de controles diseñado para mantener a los pecadores a raya. Pero el Nuevo Pacto es un pacto interno para hijos a los que, a causa de su nueva naturaleza, se les puede confiar la responsabilidad de gobernarse a sí mismos y de tener acceso al poder del auto-control mediante el Espíritu Santo. El comportamiento descrito por Jesús es la evidencia del poder superior para caminar en justicia que está al alcance de los hijos del Nuevo Pacto.

Obviamente, nos encontramos con desafíos al aprender a caminar en el Espíritu, pero éstos no son los mismos que nos encontramos cuando intentamos mantener las reglas. Son los desafíos de morir a nosotros mismos y de ejercitar nuestro auto-control para que podamos permanecer conectados al fluir de la gracia de Dios que nos capacita para vivir vidas libres de pecado. Por lo tanto, en cierta medida, esta ley de Cristo es más difícil que meramente dejarse llevar por el "fluir del tráfico". Pero las recompensas son infinitas porque es aquí donde viene el Reino. La ley que gobierna el Reino es la ley de Cristo, la ley del amor, no la ley de guardar reglas y cuando nos alineamos con el amor, el Reino del amor se manifiesta en nuestras vidas. Lo que intenta recalcar Pablo es, "Si no tienes amor, si no tienes esto, no tienes nada". No hay vida en las reglas. Puedes ser increíblemente obediente a las reglas sin manifestar la vida del Reino porque no hay vida en las reglas.

Si piensas que tienes una relación con Jesús, y el amor no se está manifestando en tus relaciones con las personas, entonces no sé lo que tienes. Si no puedes cultivar una relación de corazón a corazón y establecer intimidad con la gente, adivina quién se está engañando. Si no conoces realmente a Dios, Él se parecerá mucho a ti. Te lo inventarás y serás como una estrella de rock en esa relación. Cuando no conocemos a Dios es porque no conocemos Su amor y cómo funciona este amor, y por eso nos asustamos y reducimos tanto nuestra relación con Él como a Él mismo a lo que ya conocemos.

Y adivina lo que vamos a enseñar a nuestros hijos. Vamos a enseñarles lo que ya conocemos. No les vamos a enseñar a tener una conexión de corazón a corazón. No vamos a enseñarles intimidad. No vamos a enseñarles cómo dirigir nuestra propia "mitad" si vivimos en una relación cuidando las reglas. ¿Sabes lo poco atrayente que es tener una relación con reglas? Pregúntaselo a cualquier adolescente. Tu adolescente te lo dirá.

La verdad es que a todos los que están dentro de nuestro círculo de influencia les concedemos lo que conocemos, y esto contribuye a desarrollar, ya sea una cultura de relaciones regida por las reglas, o por el amor. Pero sólo una de las dos promueve el honor, porque sólo una de las dos reconoce claramente la plenitud de la identidad que Dios nos ha dado. No hay cultura de honor sin compartir, de manera reforzada, la convicción de que somos hijos libres del Nuevo Pacto y no esclavos del Antiguo. Debemos hacer lo que sea necesario para abrazarnos de manera extrema a esta verdad de quién somos, caminar en ella y conocerla como nuestra realidad. Sólo entonces podremos crear y dar vida, amor y libertad – el Reino – a aquéllos que nos rodean. Siempre damos lo que conocemos y tenemos. Si todo lo que conocemos es el temor y el control, y esto es lo que vemos en la atmósfera que nos rodea, entonces debemos cuestionarnos cuáles son nuestras convicciones más profundas sobre nosotros mismos, sobre el pecado y sobre la obra de la cruz.

Generación tras generación la Iglesia ha vivido intentando proteger una relación con un libro de normas. Puedes decir que no lo haces durante todo un día. ¿Qué pasa cuando alguien rompe las reglas? Ese es tu barómetro. ¿Qué pasa cuando alguien viola lo que estás intentando proteger? Ahí es dónde se va a manifestar. Esa es tu retroalimentación. ¿Qué pasa cuando Juanito te trae un insuficiente en las notas? Tu reacción irracional va a ser la evidencia de lo importantes que son para ti las reglas.

Cuando somos presa del pánico al estar frente al pecado, se hace muy claro lo importantes que son las reglas para nosotros. Me atrevo a decir que tenemos suficiente evidencia para comprobar que las reglas son de vital importancia en gran parte de la cultura de la Iglesia. Es hora de que veamos esta situación y admitamos que nuestra temerosa respuesta contradice de manera frontal el mensaje de Cristo que estamos predicando. La Escritura es clara cuando dice que tenemos dos opciones – podemos escoger, ya sea proteger las normas y crear una cultura religiosa, o proteger nuestras relaciones y crear una cultura de amor. Y sólo una de estas dos opciones es el pacto por el que Cristo murió para que pudiéramos participar de él.

CAPÍTULO CUATRO

AMADOS HIJOS DE LUZ

*Con frecuencia damos a nuestros hijos
respuestas para recordar,
en vez de problemas para resolve.*

Roger Lewin, Teórico Científico

"**P**orque en otro tiempo erais tinieblas, mas ahora sois luz en el
Señor; andad como hijos de luz..." (Efesios 5:8). Pablo hace
una sorprendente declaración cuando escribe esto. Muchos
cristianos se atascan en la revelación que se presenta en la primera parte
de este versículo. Creemos que la "naturaleza" del hombre es oscura
y nos cuesta muchísimo hacer la transición del Nuevo Testamento de
oscuridad a luz. Nos hemos pasado tanto tiempo en la mentalidad de
*"engañoso es el corazón más que todas las cosas, y perverso; ¿quién lo
conocerá?"* (Jeremías 17:9) que hemos fracasado a la hora de cultivar
la verdad de que somos "hijos de luz". Sí, fuimos tinieblas, pero esa
naturaleza ha cambiado por completo. Nuestro temor al pecado debe
desaparecer y nuestras ofensas tienen que perder poder antes de permitir
que el Cielo gobierne la tierra por medio de nosotros.

Cuando la gente peca, es ofensivo. Cuando la gente quebranta las reglas, es ofensivo para la naturaleza humana. El pecado ofende al mundo. Mira los titulares de tu periódico:

"Estrella de Hollywood va a la cárcel".

"No, no va a la cárcel".

"Sí, vuelve a la cárcel".

"Encuentra a Dios en la cárcel".

"Deja a Dios en la cárcel".

"A Don Imus – el locutor de radio al que casi ninguno habíamos escuchado hasta que hizo algunos infames comentarios racistas – vamos a crucificarle públicamente, le vamos a patear y vamos a hacer una encuesta nacional para desprestigiarle".

"Maestro de escuela abusa de un niño"

"Oficial de policía quebranta la ley".

A la gente le encanta este tipo de cosas. "Escríbelo, que yo lo lea. No voy a comprar el periódico a no ser que haya algo ofensivo". Es normal ofenderse cuando alguien quebranta las reglas. Metemos a la gente en la cárcel y les llamamos transgresores. Nuestra sociedad está llena de pecadores que practican el pecado, y, como es normal, nuestra sociedad se ve atrapada en una relación con las reglas. Hasta la falta de leyes es una relación con las normas. Algunas personas definen su relación con las normas quebrantándolas. Su mensaje es, "A mí no me controlan". Pero sin una relación con el amor, la única opción que tiene nuestra sociedad es dilucidar una manera de vivir dentro de los límites impuestos por las normas.

Para las muchas normas se necesitan muchos jueces, y a la gente le encanta hacer de juez. Para eso están los titulares y los boletines informativos, para ayudarnos con nuestras dotes de juicio. Imagínate un gran número de personas que se sientan cargadas de juicio y repugnancia al ver sus televisiones. Ahora, imagínate cuántas de estas personas son cristianos.

Como creyentes que vivimos en esta cultura más amplia tenemos que estar alertas de las estratagemas del enemigo. Tenemos que ser conscientes de lo natural que resulta ofenderse y cómo nos afecta la ofensa. Lo que la ofensa hace es darte una justificación para retener el amor. Tengo que dejar de amarte cuando quebrantas las reglas porque la gente que cae no es digna de ser amada y merece ser castigada. De hecho, el castigo a menudo se expresa negando el amor. Y cuando niego mi amor, el vacío que queda se llena con ansiedad, y entonces el espíritu de temor dirige la manera en la que me comporto con mi ofensor.

Cuando tenemos miedo, queremos controlar, y la forma en la que respondemos ante el pecado de los demás es mediante una serie de controles que nos ayudan a sentir que seguimos al mando. La práctica típica de las familias, las iglesias y el gobierno es establecer una serie de comportamientos llamados castigos para que el ofensor los cumpla y así demuestre a la familia, las iglesias y al gobierno que éstos siguen en control de lo que ocurre. Al hacer esto, estamos reafirmando la convicción de que la persona que ha escogido el pecado no tiene poder para cambiar y responsabilizarse de su conducta. Jesús murió precisamente para deshacerse de todo este asunto. Presentó un mundo totalmente diferente con una forma diferente de actuar.

Un Hombre Según el Corazón de Dios

Aunque vivió durante el Antiguo Pacto, David fue un hombre que valoró su relación con Dios más de lo que valoraba las normas. Y en II Samuel podemos ver lo que le ocurrió a este hombre cuando rompió las reglas. En este texto leemos la historia del momento en el que David debía haber ido a la guerra pero prefirió quedarse en casa. Se quedó y envió a Joab a trabajar.

Y sucedió un día, al caer la tarde, que se levantó David de su lecho y se paseaba sobre el terrado de la casa real; y vio desde el terrado a una mujer que se estaba bañando, la cual era muy hermosa.

II Samuel 11:2

David empezó a preguntar, "¿Quién es esa?" y le dijeron, "Bueno, esa es la esposa de Urías". Urías, el heteo, era uno de los hombres valientes de David – uno de los que pertenecían al círculo íntimo, uno de sus amigos. Y entonces leemos en II Samuel 11:4, *"Y envió David mensajeros, y la tomó; y vino a él, y él durmió con ella"*.

Si hay algo que se intuye sobre Betsabé es que era una mujer sorprendente. ¿Cómo llegamos a esa conclusión? Viendo con quién se había casado. Urías era una estrella. No se hubiera casado con una mujer de hábitos relajados. David la tomó, la trajo a su alcoba y se acostó con ella. Es bastante posible que David violase a Betsabé.

En el mismo versículo sigue diciendo, *"Luego ella se purificó de su inmundicia, y se volvió a su casa."* –al poco tiempo, envió a David un mensaje informándole de que estaba embarazada. Para llegar a este momento se necesitó tiempo. Tuvieron que pasar meses. Esto ocurrió antes de que saliese las pruebas de embarazo de las farmacias – no se podía ver el símbolo del más o del menos. Estoy seguro de que esperó hasta que supo a ciencia cierta que estaba embarazada antes de decírselo al rey, tuvieron que pasar meses.

Cuando David se enteró, dijo, "¿Dónde está Urías? Oye, ve a por él y vamos a darle unas vacaciones. Ah, Urías, es maravilloso volver a verte. Venga, tráiganle aquí. Urías, eres un hombre increíble, ven aquí. Te amo. Gracias por todo lo que estás haciendo en tu apoyo a la guerra. Ahora, ve a dormir con tu esposa. He oído que últimamente tiene mucho apetito.

Creo que está algo disgustada. Tal vez la quieras consolar. Necesito que me ayudes a cubrir las consecuencias de mi pecado".

Pero Urías no lo hizo. David le envió comida. "Oye, sé feliz". Pero Urías, durmió en las escaleras de la casa del rey. No consintió irse a su casa. Dijo, "¿Por qué debería ir yo a dormir con mi esposa en mi cama cuando los hombres se están acostando en pleno campo? No iré".

David pensó, ¡*Qué mala pata! Un hombre íntegro. No me esperaba esto*. Por lo que tomó una decisión, "Hagamos una pequeña fiesta. A ver si le podemos emborrachar. Tal vez, si le emborrachamos, podemos hacer que se desinhiba y entonces consigamos que cubra mi pecado. ¡Urías! Oye, toma un poco de vino, es el mejor que tengo. ¿Quieres que te vuelva a llenar el vaso? Toma más, amigo. ¿Por qué te he dado el vaso más grande? Es el vaso de honor, ya sabes. Sí, eso es lo que es".

En esa ocasión, Urías se fue a dormir en una cama – en las habitaciones de los siervos. ¿Qué iba a hacer David? "Vale, vale. Nos estamos quedando sin tiempo. Pronto va a tener el bebé si no te centras un poquitín. Urías, llévale esta nota a Joab. Lleva tu pena de muerte y dásela a tu comandante".

Esto no ocurrió durante un fin de semana. Esto no fue una aberración pasajera de David. David estaba practicando algo. Por supuesto, Joab envió a Urías al frente de la batalla, retiró al ejército y le mataron. El mensajero volvió y Joab le dijo, "Dile a David que en la batalla hemos perdido algunos hombres verdaderamente buenos. Si se enfada contigo, dile, "Ah, por cierto, Urías murió".

Así que el mensajero vuelve con el mensaje, "Hemos perdido buenos hombres… y Urías ha muerto". David dijo, "Ya sabes, la gente buena muere. Dile a Joab, 'La gente buena muere en la batalla. Es parte de la guerra. Toma la ciudad mañana'. Eso hará que Joab esté feliz – le gusta matar cosas".

Conoces la historia. En este momento, había llegado la hora de confrontar la situación. Natán, el profeta, fue a David y le dijo, "Ese eres tú". Así que David se tiró siete días arrepintiéndose tendido en el suelo, y el niño murió como Natán predijo. Entonces leemos en *II Samuel 12:24*, *"Y consoló David a Betsabé su mujer, y llegándose a ella durmió con ella; y ella le dio a luz un hijo, y llamó su nombre Salomón"*.

Total, que… Dios se lleva la vida del niño. Pero hay algo aquí que no encaja. ¿Dónde está el castigo del "Antiguo Testamento" en esta historia – el castigo que verdaderamente "encaja con el crimen"? No se le quitó el reino como había pasado con el rey Saúl. Tampoco fue derribado por una nación enemiga y llevado en cautiverio. Su familia había recibido una herida permanente como consecuencia de las acciones de David. Pero normalmente no sentimos el peso de lo que David le hizo a Urías y a Betsabé porque Dios dijo que era un hombre de acuerdo con Su corazón. Pero ¿quién de entre nosotros quiere para nuestros días a David como pastor?

Tenemos que ver que ese David hubiera sido presidente de los Estados Unidos, hubiera sido el equivalente a Bill Clinton – con la excepción de que Bill Clinton nunca mató a uno de sus amigos y se casó con su esposa. ¿Recuerdas haberte sentido ofendido por Bill Clinton? ¿Recuerdas cierto sentimiento de regocijo ante la posibilidad de que se le castigase? ¿Ves cuál es la respuesta natural del hombre cuando se enfrenta al pecado?

Hay otros ejemplos en la Escrituras que son dignos de mención, ejemplos que desafían las expectativas creadas por las reglas de la justicia. Por ejemplo, Abigail. Abigail era, básicamente, una esposa poco sumisa. Hizo lo que su esposo Nabal se había negado a hacer – cogió las cosas de su esposo y se las dio a David, que estaba bastante enfadado. Venía a matar a Nabal. Ella salió corriendo y eso hizo que se convirtiera en una esposa rebelde e insumisa en lo que respectaba a las normas. ¿Cuál fue la respuesta? Dios mató al cretino de su marido y se casó con David.

Después tenemos a Pedro. "Pedro, me negarás".

"Oh, eso no pasará jamás. Nunca te negaré".

"Antes de que cante el gallo".

"Jamás ocurrirá".

"¿Y sabes qué más? Si me niegas delante de los hombres, Yo te negaré delante de Mi Padre".

Estaba cantado, Pedro le negó; y también estaba cantado, ¿qué hizo Jesús?

"Pedro, ¿me amas?"

"Sí".

"Pedro, ¿me amas? Pedro, ¿protegerás lo que te dije que era de suma importancia para Mí? Pedro, ¿vas a dirigir tu vida de tal manera que Me protejas?"

"Sí, Señor, lo haré".

La mujer adúltera - ¿qué le dijo Jesús? "Ve y no peques más". ¡Vaya! Eso sí que deja huella. O no, de hecho, no – por lo menos no el tipo de huella que el resto de la gente estaba deseando dejar en ella.

¿Cuál es la Diferencia?

¿Por qué respondió Dios de una manera diferente con estas personas? ¿Por qué David y Pedro obtuvieron algo diferente a lo que se merecían? ¿Por qué obtuvieron un resultado diferente al de otros que cometieron los mismos errores y aún menos importantes? Bueno, Saúl no mató a todos los que tenía que matar. ¿Cuál era la diferencia entre Pedro y Judas? Pedro negó a Jesús tres veces y Judas sólo le entregó una vez. La verdadera diferencia es algo de vital importancia y no se encuentra en su pecado, sino en lo que hicieron después. Es el arrepentimiento. Pero el arrepentimiento sólo funciona cuando la prioridad de la atmósfera que nos rodea es una relación de corazón.

El arrepentimiento no satisface las normas que se han quebrantado. El arrepentimiento no va a funcionar en un ambiente en el que estamos protegiendo nuestra relación con las reglas. En un ambiente que se rige por el gobierno de la ley, el arrepentimiento tiene un significado diferente. Refleja tu disposición a dejarme que te castigue. Estás arrepentido cuando me dejas que desate mi castigo sobre ti. Y el asunto que te llevó a equivocarte y que está en tu corazón nunca llega a ser tratado, porque el asunto de las relaciones y del amor nunca se toca. La actitud generalizada hacia alguien que está arrepentido en una cultura gobernada por las reglas es, "Has rendido tu voluntad ante mí. Nunca podré volver a confiar en ti ya que has probado que eres un transgresor y eso se grabará en mi mente durante mucho tiempo. Hasta que empiece a olvidar el miedo que te tuve. Nunca podré darte poder otra vez". Esta es la actitud que preside en lo que denominamos el "proceso de restauración".

Pero el verdadero arrepentimiento es un don. No es tu opinión. No es tu llamado. Es un don que viene unido a una relación. En las reglas no hay lugar para el arrepentimiento, sólo cabe el castigo. Si quebrantas nuestras reglas, tendrás que pagar el precio. Así es como funciona. Pagas el precio para apaciguar la ansiedad de la gente que vive en la atmósfera gobernada por esas reglas. Cometes el crimen, luego entonces pagas las consecuencias. Cuando practicamos esto en la iglesia, estamos permitiendo que se nos defina por los límites del gobierno terrenal. Cuando quebrantas la ley, lo mejor que puede hacer un gobierno terrenal es decir, "Vamos a hacerte el daño suficiente como para que puedas estar tranquilo".

El don del arrepentimiento crea la oportunidad para una verdadera restauración. De hecho, es absolutamente necesario para poder sanar una relación que ha sido dañada por un comportamiento pecaminoso. El verdadero arrepentimiento sólo puede venir a través de una relación con Dios en la que entramos en contacto con Su gracia para que nos cambie. David estuvo tirado en el suelo durante siete días arrepintiéndose delante de Dios. Saúl también intentó arrepentirse con Samuel por haber roto las reglas. Pero cuando David se levantó del suelo, era un hombre diferente. ¿Cómo sabemos esto? No lo volvió a hacer. No hubo otra Betsabé.

¿Qué es, por tanto, la verdadera restauración? Un antiguo significado de la palabra "restauración" es encontrar a alguien con sangre real que ha sido destituido del trono y restaurar a esa persona al trono – a una posición de honor. Pero, volver a colocar a un monarca en su lugar de autoridad, rara vez es lo que significa el proceso que llamamos "de restauración" cuando estamos tratando con líderes de la iglesia que han quebrantado las reglas. La mayoría de los líderes que han caído se van de sus iglesias o de sus denominaciones para encontrar un "nuevo comienzo". Eso quiere decir que van en busca de un grupo de personas que no teme que vuelvan a quebrantar las reglas.

Pero cuando Dios restaura a los que se han arrepentido, Su proceso de restauración se asemeja a la restitución de un miembro de la familia real a su lugar de gobierno y honor. El creyente restaurado puede decir, "Sé que ahora soy hijo de Dios de nuevo". Para el creyente, la restauración siempre consiste en la restauración de una relación, porque la restauración se define en la cruz, y fue la restauración de una relación lo que la cruz llevó a cabo. Después de que Juan hubo declarado que Jesús se había convertido en la propiciación para nuestro pecado, concluyó diciendo, *"Si Dios nos ha amado así"* – esto es, si Dios estaba tan dispuesto a proteger Su relación con nosotros, en vez de proteger nuestra relación con Sus normas – *"debemos también nosotros amarnos unos a otros" (I Juan 4:11)* – amarnos los unos a los otros de la misma manera. El estándar para el gobierno del Cielo es aprender a cultivar y proteger con amor nuestra relación con Dios, y los unos hacia los otros. Si no podemos hacerlo, no reflejaremos el Cielo en la sociedad en la que vivimos. Tendremos reglas más estrictas que harán que nos ofendan más rápidamente y juzgaremos más a menudo y seremos famosos por ser jueces ofendidos.

Jesús nos ha dado una clave para ser libres de la ley que nos mantiene atados a un modelo de gobierno terrenal, en especial por la manera en la que ese gobierno responde ante el pecado. En mi opinión, la razón por la que un ambiente apostólico y profético es importante es porque renueva de manera constante nuestra conciencia y confianza en los valores del Cielo para poderlos traer a la tierra. Para mí está claro que lo mejor que se puede sacar de una atmósfera en la que los maestros y los pastores son los que dirigen es el justificar el comportamiento utilizando modelos terrenales para tratar con el pueblo de Dios. Cuando empezamos a implementar los valores del Cielo en la cultura de nuestra congregación y familia, incluyendo este valor de que somos in-castigables, creo que estas culturas serán realmente reformadas. La gente experimentará la vida de una manera totalmente diferente.

Lleno de Luz

Quiero contarte una historia que resume cómo debería ser la restauración celestial. Un amigo mío, pastor y maestro – uno de los maestros más brillantes y capaces que he conocido a nivel personal – me llamó un día y me dijo, "Tengo un problema. Tengo un líder de alabanza que le acaba de confesar a su esposa que había mantenido una relación inmoral. Esto ha estado ocurriendo durante cuatro años. Había sido con la mejor amiga de su esposa. Él y su esposa eran mentores de esta mujer y de su esposo cuando la pareja vino por primera vez a la iglesia y formaron parte del personal de la iglesia al trabajar con el grupo de jóvenes. Acaba de decírselo a su esposa y se van mañana de vacaciones.

"No sabemos qué hacer porque éste no es un líder de adoración de pacotilla. Este tipo es sorprendente. Ha estado llevando a nuestra iglesia a lugares nuevos en Dios. Durante los últimos cuatro años, la unción en nuestra iglesia ha crecido. Hemos empezado una escuela de ministerio y él y su esposa son los que la llevan. Este es el tercer año. Casi se han duplicado el número de matrículas en los últimos tres años. Esta pareja está dirigiendo la creación de una atmósfera impresionante".

El pastor me había llamado porque sabía algo. Sabía lo que tenía que ocurrir cuando se conociese la verdad, porque sabía lo que tiene que ocurrir cuando rompes las reglas y tienes una relación con las mismas. Tenían que someter a este hombre al "proceso de restauración". Pero este pastor también sabía que el proceso de restauración que teníamos en Bethel es diferente al que él siempre ha conocido. Por lo tanto me preguntó si estaría dispuesto primero a reunirme con esta pareja y luego a darle algo de luz sobre cómo proceder.

Le dije, "Me encantará reunirme con ellos". Mi esposa, Sheri, y yo nos reunimos con la pareja un par de días después. Cuando entraron por la puerta la mujer parecía que había estado llorando durante una semana. Él parecía que había estado sujeto a los bajos del coche durante las ocho horas de viaje que habían hecho por la autopista. Estaba deshecho de vergüenza. Sabía que había destruido su relación con las reglas y sabía que tenía que ser castigado. Ella estaba hecha polvo – su corazón estaba roto. Toda la confianza que hubiera tenido en algún punto de su vida se había destrozado; todo lo que había vivido hasta ese punto se había perdido y cambiado para siempre. Iba a perder su valioso ministerio en la iglesia. Su vida se había terminado a causa del increíble egoísmo de él.

Permanecimos sentados escuchándoles durante algunos minutos y él hizo todo lo que pudo para hacernos saber el miserable trozo de basura que era. "Tienen que entenderlo, yo sabía que eso no estaba bien. Lo sabía. Sabía lo que estaba haciendo. Lo estaba escondiendo. Había una batalla dentro de mí y he tenido este problema toda mi vida. Hace dieciocho años, cuando nos casamos y ella quedó embarazada, también cometí adulterio con su mejor amiga". Siguió intentando convencernos de que merecía ser castigado.

Después de unos minutos, Sheri le profetizó algo. Dijo, "Veo que desciende una mano del cielo, y está cogiendo una manija y encendiendo un interruptor, y en ese momento todas las luces se encienden. Es como que estás lleno de luz y todo va a ser diferente. Eso es lo que el Señor va a hacer".

Dijo, "Es muy amable de tu parte. Pero en este punto no lo puedo creer. Me siento a un millón de kilómetros de ese lugar ahora mismo."

Estábamos viendo cómo se estaban batiendo en duelo dos reinos: el temor y el amor, la libertad y el control, la luz y las tinieblas. El reino terrenal que esta pareja conocía estaba limitado a la hora de restaurar a un hijo de luz. Una vez más, la verdad es, "Eras oscuridad. Ahora eres luz. Vive como hijo de luz". Pero los amados hijos de luz no pueden ser gobernados por lo mejorcito que ofrece la oscuridad. La oscuridad más misericordiosa, justa, ecuánime, capitalista y democrática no puede gobernar a los hijos de luz.

Sheri y yo nos habíamos puesto la meta de invitarles a experimentar el poder de una atmósfera apostólica, que ha puesto las fuentes de riqueza del Cielo a nuestra disposición de manera permanente. Sabíamos que teníamos acceso a la luz en una situación en la que se requiere luz. Cuando el Cielo invade la tierra, deshace las limitaciones del hombre natural y de las perspectivas naturales.

No creíamos que lo que este hombre había hecho fuera evidencia de que esa fuese su verdadera identidad. Pablo dijo que en otro tiempo éramos tinieblas, y que ahora somos luz. El mero hecho de tener tinieblas en tu interior no cambia tu verdadera identidad.

Un amigo y yo estábamos caminando un día por el terreno de Mountain Chapel. Estábamos intentando decidir dónde edificar el nuevo edificio para la iglesia. Al caminar pisé una madera y un clavo me atravesó el pie. Levanté el pie y vi que tenía una madera pegada a la suela de mi zapato. Podía ver con toda claridad que el clavo había entrado en mi pie. Pero ni una sola vez dije, "¡Soy un clavo!" Sin embargo, estaba muy interesado en sacar ese clavo de mi pie. Y cuando un hijo de luz descubre oscuridad en su interior, constata el asunto, "¿Qué vas a hacer tú al respecto? ¿Qué vas a hacer tú al respecto?"

Como líderes, cuando nos acercamos a personas que están en esta situación podemos ayudarles a oír que esto es lo que Dios les está pidiendo. Enviamos el mensaje, "No es mi tarea controlarte. No tengo miedo. ¿Qué vas a hacer tú?"

Empezamos el proceso de restauración con esta pareja haciéndoles ciertas preguntas. Pusimos nuestra luz sobre la mesa. El hecho de vivir en un sistema apostólico de gobierno nos ayuda a traer la luz del cielo de una manera natural a nuestras relaciones pastorales. Por lo tanto, tenemos un proceso que sana nuestras relaciones con las personas que rompen las normas. Nos hace poderosos ante el pecado. No tenemos miedo del pecado. ¡El pecado no es nada! ¡El pecado es oscuridad! Un golpecito al interruptor y *click* - ¡se acabó!

Por lo cual le hice la pregunta que hago a todos los que están en estas situaciones. "¿Cuál es el problema?"

Me miró como si yo estuviese borracho, porque pensó que había expuesto el problema de manera magistral. "Te lo acabo de decir. Soy una basura humana enmascarada de hijo de luz. ¿Qué quieres decir con 'cuál es el problema'?"

"¿Cuál es el problema? ¿No sabías que ésta no era una buena idea?" le pregunté.

"Sí", respondió.

"¿No sabías que cuando se enterase tu esposa o el pastor esto iba a terminar mal?" me incliné hacia delante.

"Sí", volvió a decir.

"Y, sin embargo ¿lo hiciste?" seguí insistiendo.

"Sí". Él no estaba seguro de si estaba preparándole para pegarle un puñetazo en la nariz o qué.

"¿Cuál es el problema?" volví a preguntar.

"¿Qué?" preguntó, su ceño fruncido y su boca haciendo una mueca.

"¿Cuál es el problema que hace que un hombre cometa un acto tan destructivo para su familia, para su vida y para la iglesia que ama, y para su paz con Dios? ¿Qué haría que un hombre se metiera ahí? ¿Cuál es el problema?"

"No lo sé", respondió abatido.

"¿Te has arrepentido?"

"Sí", respondió con sumo fervor, aunque su tono traicionaba la duda de si el arrepentimiento soportaría la comprobación.

"¿De qué?" pregunté, acorralándole.

Me miró, dudando si estaba por o contra él, y respondió, "No lo sé".

"Eso es lo que pensé. ¿Cómo va a cambiar esto si ni siquiera sabes cómo arrepentirte?" le pregunté.

"Eso es lo que yo estaba pensando también".

Sheri y yo estábamos mirando a este hombre desde la perspectiva de la luz. Queríamos solucionar su problema desde un contexto celestial, porque esa era parte de nuestra cultura. Era natural para nosotros acercarnos al pecado y al fracaso desde la perspectiva que hace a Dios más poderoso que el pecado. Él, por otra parte, estaba convencido de que era oscuridad. Sabía que el gobierno de la tierra estaba esperando para salirse con la suya en lo que a él respectaba. Se puso de acuerdo con el paradigma terrenal y estaba preparado para aceptar el veredicto. Era nuestra tarea el cambiarle de posición para que se viese desde otra perspectiva. Necesitaba creer que era un amado hijo de luz.

"Una vez más. ¿Cuál piensas que es el problema aquí?" le pregunté.

"Lo cierto es que no lo sé".

En este punto de la confrontación, no sabía cuál era el problema tampoco. Por lo que decidí explorar. "Bueno, dime lo siguiente. ¿Cómo es tu relación con tu esposa?" Pregunté sabiendo que era difícil que tuviera demasiada conexión con ella. El adulterio es generalmente un síntoma de que la pareja tiene problemas de intimidad.

"No tenemos ninguna, o no mucha", respondió con tristeza.

"¿Cuál es el lenguaje del amor de tu esposa?" pregunté. Quería saber si sabía cómo amar a su esposa.

"Las palabras de ánimo", dijo mirándola.

Su esposa, llorando, dijo, "En dieciocho años casi nunca me ha dicho que me ama".

Ya estábamos tras la pista de algo. Podía oír los perros sabuesos del cielo ladrándome a las orejas. Sabía que este hombre era un hombre apasionado. Este hombre había llevado su ministerio a lugares grandes y ungidos. Su iglesia había crecido de manera drástica en los últimos tres años y estaba llena de vida bajo su liderazgo. Por lo que dije, "Tu esposa se siente amada cuando la halagas con palabras, y no le puedes soltar un pasajero "te quiero". Pero al mismo tiempo ella ve cómo guías a las multitudes para que canten "te amo" a Dios. ¿Te dice eso lo mismo a ti que lo que me está diciendo a mí?"

Me daba cuenta de que no me estaba entendiendo del todo, e intenté ayudarle de nuevo para que viera la contradicción en la que estaba viviendo. "Veamos si entiendo lo que me estás diciendo. Tú diriges a la gente en adoración y búsqueda apasionada del corazón de Dios. Pero no diriges ninguna de esta fuerza hacia tu esposa. ¿Qué tal con tus hijos?"

"No puedo decirle a nadie que le amo, ni a mis hijos", dijo entre lágrimas. "He salido como mi padre. Mi padre tampoco le puede expresar el amor a nadie".

Acabábamos de encontrar el problema. Nos quedamos sentados y algo sorprendidos. Esto es lo que había en el fondo del barril que nadie, fuera de su familia, sabía ni había experimentado. Pero también teníamos otro problema. No sabía qué hacer ahora. Estuvimos en un silencio sólo interrumpido por los sollozos. Entonces, de repente, recibí una palabra del Señor. No sabía si era una palabra de sabiduría o de conocimiento o lo que era. Todo lo que sabía era que la desconocía antes de recibirla. Me incliné hacia delante sabiendo que ésta era la clave. Pregunté, "¿Quieres decir que sólo puedes amar lo que consideras perfecto?"

Me miró, esperó y contestó, "No".

"Déjame que te lo diga otra vez. ¿Estás intentado decirme que sólo te puedes arriesgar a amar a alguien cuando no hay posibilidad alguna de fracaso? ¿Me estás diciendo que sólo puedes amar lo que consideras perfecto para no correr el riesgo de salir herido?"

Su esposa sí entendió lo que estaba preguntando y de nuevo las lágrimas empezaron a brotar de sus ojos.

Él me miró como si le hubiese dado en los morros con un periódico.

Le volví a preguntar, "¿Me estás diciendo que no puedes arriesgar tu corazón con cualquier cosa que no resulte perfecta?"

Empezó a mover la cabeza, pero despúes empezó a asentir. De repente dijo, "He sido engañado. Esto es lo que odiaba de mi padre. ¡He sido engañado!" dijo una y otra vez.

En este punto, le invité durante unos minutos a perdonar a su padre. Después de haber hecho eso, ¡pumba!, se vuelve a su esposa y con una sinceridad completa dice, "Te amo tanto. ¡Lo siento de verdad!"

En un momento toda la habitación se llenó de luz. Tenía el impulso de cantar, "Libre de nuevo, libre de nuevo. Gracias al Dios Todopoderoso, soy libre de nuevo. ¡El Cielo me tocó!"

Siguió confesándole a su esposa, "Te amo, te amo. No sabía lo que me ocurría…" Al decir esto, el rostro de su esposa cambió por completo. La desesperanza se fue de la habitación cuando esta mujer empezó a experimentar lo que, hacía unos momentos, pensaba que sólo iba a ocurrir en el Cielo. Y tenía razón. Es ahí donde se almacenan estas cosas. Simplemente tuvimos que ir y traer algo a la tierra. En unos momentos eran una pareja de tortolitos, sentados ahí arrullándose.

Dos milagros tuvieron lugar esa mañana. Uno era el don del arrepentimiento que le dio de lleno y le tiró al suelo. El otro fue la disposición de su esposa de perdonarle en ese momento. Se encendieron las luces y se encontró con una vida nueva – tenían un matrimonio nuevo. Nosotros nos quedamos ahí, mirándoles. Era extraño. Pero les dejamos que siguieran.

Dijo, "Siento como si las luces se hubieran encendido de repente. Puedo ver como nunca antes he podido hacerlo. Me siento lleno de luz". De manera simultánea, nos acordamos de la palabra que Sheri le había dado al principio de nuestro tiempo juntos. Hablamos y oramos más con ellos y Sheri profetizó sobre ellos otra vez. Fue un tiempo glorioso junto a gente maravillosa.

Momentos después, dijo, "Sabes… no sé si debería sentirme así de feliz. Me siento lleno de esperanza. Me siento tan feliz. Pero me siento mal por sentirme feliz". Una mirada curiosa le atravesó la cara y preguntó, "Bueno, ahora que soy un hombre diferente, ¿qué va a hacer conmigo el liderazgo de mi iglesia?"

Esa era una muy buena pregunta. Dentro de lo maravillosos que son como grupo, sabía que iban a tener una perspectiva diferente sobre el asunto. Afortunadamente, teníamos una clave principal para ayudarnos a llevar este proceso a una conclusión feliz – su pastor. Como dije, su pastor principal era un maestro – un maestro muy fuerte del ministerio quíntuple. Por lo tanto, tenía una gran necesidad de tener razón y de entender lo que Dios estaba haciendo. Pero, afortunadamente, él sabía esto sobre sí mismo y sabía que podía reducir el tope de la unción de su mundo si permitía que su necesidad de tener razón y de entenderlo todo fuera el motor propulsor de su liderazgo, de su vida y de sus decisiones. Este hombre se había quitado ese sombrero al haberse puesto bajo el ministerio apostólico lo cual hacía que hubiera una unción de liderazgo apostólico y profético en su lugar de influencia. Esta es una de las razones por las que nos había pedido ayuda. Como he dicho, sabía lo que ocurre aquí.

Esta pareja volvió a casa y no volví a saber de ellos durante un tiempo, en especial porque me llevé a un grupo de nuestro personal pastoral de acampada. Nos fuimos durante cuatro días. (Cuando digo "de acampada" tengo que señalar que hicimos una caminata de más de cuatro kilómetros. Nos comimos 80 truchas en tres días. Se pareció más a un crucero. El año anterior les había llevado a una excursión de casi 70 kilómetros atravesando los seis lagos de los Alpes Trinity. Nuestro personal se refiere a ese viaje como "La Marcha Mortal de Danny", (eso sí era acampar). Cuando volvimos a casa, me fui directamente a la ducha porque lo necesitaba. En ese momento sonó el teléfono. Nunca respondo cuando estoy en casa, especialmente si es un número que no conozco, y este era el caso. Pero por alguna razón cogí el teléfono y dije, "¿Hola?"

Era el pastor amigo mío. Dijo, "¡Danny! Oye, he estado intentando contactar contigo".

"Sí", dije, "he estado de acampada".

"¿Tienes un momento? Me gustaría hacerte algunas preguntas acerca de la pareja que te enviamos".

Ya que pensé que no me podía oler, dije, "Claro".

"¡Fantástico!" dijo, como si supiese que iba a responder eso. "Te tenemos en el altavoz ahora mismo en nuestra reunión de ancianos. Estamos intentando entender esta situación. Hemos oído algunas de las ideas que compartiste con ellos. Nos gustaría que nos las explicases".

"Claro". Acepté el hecho de que la ducha con la que había estado teniendo fantasías desde que empecé el viaje iba a tener que esperar. Mi amigo compartió en primer lugar algunas de las ideas que su equipo había estado considerando. En resumen era algo así:

1. Informar a la congregación de lo que estaba pasando y pedir que orase por la restauración de estos líderes.

2. Que esta pareja dejase el ministerio durante unos meses para dedicarse a su matrimonio.

3. Revisar su progreso una vez que hubieran pasado de tres a seis meses y, en caso de ser favorable, volverles a introducir poco a poco en el ministerio.

Este es el modelo "de la tierra al Cielo" que sé que la mayoría de las iglesias instaurarían. Es la mejor opción terrenal para volver a instaurar confianza y credibilidad en la gente. Está diseñado, en primer lugar, para consolar a las personas y después tratar con la vida del líder. Es difícil admitirlo, pero cuando la unción del líder principal se centra básicamente en la gente, las necesidades de los demás serán las que gobiernen en esa atmósfera. Una vez más, ésta es la mejor opción de la tierra para traer justicia, ecuanimidad, y cualquier otro tipo de consuelo humano.

Cuando esta pareja estuvo hacía algunas semanas en mi despacho, había compartido con ellos el modelo del "Cielo a la tierra" para esta situación. Se sentían animados al escuchar el proceso pero podían apreciar que iba a estirar a sus líderes más allá de lo posible si es que iban a entender esto. Podía oír que mi amigo pastor quería entender lo que había compartido con ellos. La explicación implícita para esta llamada telefónica era, "Creo que entiendo lo que has compartido con ellos. Quiero llegar al lugar en que te encuentras. Quiero dirigir esto desde la luz del Cielo y no desde el modelo de la oscuridad terrenal. Sencillamente lo que no sé es cómo probarlo escrituralmente". La necesidad de "probar" algo con las Escrituras era parte de su tope, una limitación que fortalecía su enfoque como maestro pero que limitaba su habilidad de operar con otras prioridades cuando llegaba la hora de lidiar con otras tareas del liderazgo. Reconocía esta limitación y estaba trabajando para sonsacar desde la perspectiva de otra unción para poder reconocer y operar desde las prioridades del Cielo para esta situación.

Dijo, "Nos gustaría tener tu punto de vista para que nos ayude con nuestra decisión".

"Bueno, esto es lo que veo". Empecé. "Veo que los últimos cuatro años has tenido un hombre que ha dirigido a tu congregación al corazón de Dios y Dios ha estado derramando Su bendición sobre ella. Más y más gente se ha visto atraída a la libertad que está creciendo en ese lugar. Veo que en esos cuatro años había dado a luz a nuevos ministerios que están bendecidos y saturados de vida y vigor. Durante todo este tiempo, has tenido una piltrafa de líder grandioso y mentiroso viviendo una doble vida. Le has promocionado y le has dado poder y su influencia ha crecido más y más en ese lugar.

"Pero ahora lo que tienes es un hombre que está en la mejor forma espiritual de su vida. Volvió a casa después de esa semana de vacaciones como un hombre cambiado. Reunió a sus hijos, les sentó, les miró a los ojos y dijo, "Por favor, perdónenme. Les retenido mi amor durante toda la vida. Lo siento tanto. Los amo. Los adoro". Les mostró amor por primera vez en sus vidas y les invitó a que hablasen en cualquier punto que sintieran hacerlo. Todo su hogar se está llenando de luz".

Proseguí, "Este hombre se ha arrepentido. Es un hombre cambiado. Pero, como ahora sabes lo que ha estado escondiendo durante los últimos cuatros años, piensas que hay que castigarle. Si se hace, ¿no le hubiera ido mejor si hubiera seguido siendo una piltrafa, un prisionero esclavizado, para beneficio de esa iglesia? ¿Qué vas a hacer con la verdad? Este hombre no necesita castigo, ni ser quitado de en medio, ni un tiempo sabático, ni unas vacaciones, ni una orden de alejamiento, ni nada de esa naturaleza. Este hombre necesita rendir cuentas para asegurarse que mantiene la luz encendida. Todo lo que necesita es limpiar su lío".

Dijeron, "Bueno, esto nos trae a otro punto. Vamos a hacer que se ponga de pie delante de toda la congregación y comparta lo que ha ocurrido como manera de rendir cuentas. ¿Qué piensas de eso?"

Dije, "Bueno, déjame ver si entiendo esto. Como están las cosas, es como si tuviese cuatro litros de pintura, los hubiese tirado, desparramado sobre todo tu equipo de ancianos, sobre esta otra pareja, sobre ti, sobre su esposa y familia. Vas a darle un cubo con 1000 litros de pintura y una granada como medio para limpiar todo este lío. Ahora, yo estoy plenamente a favor de que la gente sea responsable de lo que hace. Lo que no llego a entender es el por qué de hacer un lío aún mayor del que ya hay. Creo que este jaleo se puede limpiar fácilmente y creo que se puede reparar sin mucho problema. Eso es lo que pienso".

Hubo un silencio sordo en el otro lado del aparato. Uno de ellos hizo otra pregunta sobre algo y ahí se acabó todo. Dije, "Bendiciones, chicos. Necesito ducharme".

Eso ocurrió en agosto del 2006. Tres meses después, en la conferencia de líderes de Bethel, vi a mi amigo pastor y me dijo, "No te creerías lo asombrosamente bien que están. Toda su familia parece haber resucitado de entre los muertos. La luz y el alimento que ha estado viniendo a ese hogar te deja sin respiración". También dijo, "Hicimos exactamente lo que nos sugeriste. Es maravilloso y funciona". Al escribir este libro ya han pasado dos años desde esta situación y cada vez están más fuertes.

El diablo está trabajando para destruirnos, y el modelo de "la tierra al Cielo" es el que normalmente le ayuda a llevar a cabo su meta en la Iglesia. Sé que no estamos tratando de ser destructivos, pero estamos confinados a nuestras limitaciones terrenales cuando nuestros líderes principales son maestros, pastores, administradores y evangelistas que no se han enganchado al fluir de unción y revelación en un gobierno apostólico.

Ahora, por favor entiende esto. No estoy proponiendo "mantener ocultas las cosas en familia" como manera de manejar en la iglesia comportamientos destructivos entre los cristianos. Si enciendes la luz y descubres que alguien necesita ir a la cárcel, no le envíes al equipo de ministración. Durante mi tiempo de pastor principal en Weaverville, denuncié a cinco personas en esa misma cantidad de años a los Servicios de Protección del Menor y dos de ellos fueron encarcelados. No tengo objeción alguna en involucrar a las autoridades públicas en situaciones en las que sé que la iglesia no puede hacer que esta gente rinda cuentas ante ella, ni puede darles el nivel de servicios necesarios para que se enmienden. Debemos delimitar parámetros definidos, como la Escritura enseña, a la hora de tratar con las personas que no se arrepienten. Pero también debemos aprender a no necesitar castigar a las personas que sí se arrepienten.

No estoy diciendo que les damos una tarjeta de "salida gratuita de la cárcel". Ahora, en vez de castigarles, apelamos a la gente para que camine en su identidad superior y en responsabilidad como hijos de luz, en lugar de introducirles aún más en la vida de pecado. Cuando el Cielo nos confronta con nuestros errores, es como cuando el Señor se encontró con Job, *"¡Ahora ciñe como varón tus lomos!"* *(Job 38:3)*. Esto de caminar en la luz no es para pusilánimes. Requiere que se tenga una fe profunda en el amor de Dios y en el poder de Su gracia para que nos dé lo necesario para cambiar.

La cultura de la disciplina de la iglesia se construye para proteger lo que la gente piensa – lo que piensa acerca de los líderes y lo que piensa acerca de los que fracasan. Una vez más, cuando la comodidad o las expectativas de la gente se mantienen como prioridad en la cultura, y cuando la convicción fundamental de la gente es que los que se equivocan son pecadores, y no hijos; entonces la disciplina no va a ser administrada de una manera que refleje el Reino, ya que la preocupación principal en una cultura del Reino es "Venga Tu Reino, hágase Tu voluntad en la tierra como lo es en el Cielo".

El propósito principal del castigo es apaciguar la ansiedad de la gente. Queremos llamarlo justicia, pero es sencillamente el temor del hombre en líderes que necesitan seguir gozando del favor de la gente. Como vimos en las vidas de David y Pedro, la justicia de Dios es incomprensible para los seres humanos. Sólo la podemos entender cuando dejamos de intentar proteger nuestra relación con las reglas. Cuando empezamos a proteger la relación con la ley de vida en Cristo, nuestra meta no es nunca disipar el temor, sino restaurar una relación rota y hacer que la vida y el amor vuelvan a fluir, y sólo hay un proceso que puede conseguir eso. El arrepentimiento trae satisfacción. Nosotros tenemos que perderle el miedo al pecado y al hombre, y tenemos que dejar de castigar a quienes se arrepienten.

Jesús nos liberó para que tuviésemos libertad. Nos ha dado una manera de permanecer alejados del yugo de esclavitud a las reglas y nos ofrece una forma de vivir nuestras vidas protegiendo nuestras relaciones – primero con Dios y después con nuestras familias y aquéllos que están dentro de nuestro círculo de influencia. Nuestros hijos son las personas a las que más profundamente influenciamos y aquello que tomamos como modelo se refleja claramente en ellos. Cuando nuestros hijos no necesitan ser castigados por sus pecados y cuando empiezan a aprender que la prioridad cuando fallan es restaurar la relación en vez de aceptar el castigo, empiezan a cultivar un gran valor por las relaciones como prioritarias en nuestra cultura. Es así como enseñamos a la gente a vivir una vida de amor y de libertad y como aprendemos el poder de la confianza y de la intimidad.

CAPÍTULO CINCO

La Practica De La Liberiad
Desarrollando Una
Mentalidad De Abundancia

No puedo permitirme tener ningún pensamiento
en la mente que no esté en la Suya

Bill Johnson, Iglesia Bethel

D espués de que mi hijo mayor Levi terminó el octavo curso en la Escuela Cristiana de Bethel, se enfrentó con la decisión de a qué instituto ir. Su hermana mayor, Brittney, empezó a estudiar en un instituto público pero acabó el bachillerato en casa. Sin embargo, estudiar en casa no estaba hecho para Levi, porque quería jugar al fútbol. Nos preguntó si podía ir a un instituto público.

Esta era una decisión familiar porque nos iba a afectar a todos. Estaban en juego asuntos que iban desde el transporte hasta la confianza. También éramos conscientes de que esta decisión iba a sentar un precedente para nuestro hijo menor, Taylor. Nuestra mayor preocupación era que en el instituto público Levi se enfrentaría por primera vez con cierto nivel de libertad y ciertas opciones con las que nunca antes se había enfrentado. Iba a tener que tomar sabias decisiones como nunca antes lo había hecho.

La Escuela Cristiana de Bethel había tenido unos 145 estudiantes durante el tiempo en el que Levi había estudiado ahí, de los cuales, unos 40 pertenecían a los cursos intermedios y 15 al octavo curso. En la escuela pública a la que quería ir iban a ingresar 500 estudiantes de su misma edad y tenía un total de 1.800 alumnos – la mitad de la población de Weaverville, el pequeño pueblo en el que nos habíamos criado. Además de tener que acostumbrarse a una escuela más grande, iba a salir de una escuela cristiana que apoyaba nuestros principios como familia para irse a un instituto público donde parecería que iba a cambiar totalmente de ambiente.

El nuevo nivel de las consecuencias que tendrían las decisiones que tendría que tomar, empezó a desafiarnos a Sheri y a mí. ¿Creíamos que Levi nos iba a proteger con sus decisiones? ¿Confiábamos en él de corazón? ¿Estábamos dispuestos a permitir que su proceso de aprendizaje nos afectara de igual manera que lo harían sus decisiones? ¿Estábamos dispuestos a ser así de vulnerables con un chico de 14 años?

Lo primero que hicimos fue decirle que su decisión nos asustaba. Después le recordamos la clase de monstruos controladores en la que podíamos convertirnos cuando estábamos así de asustados. Finalmente, le preguntamos cómo pensaba protegernos a lo largo de la aventura que nos proponía. Nuestro jovencito bajó la cabeza y empezó a darse cuenta de que era un poderoso participante en esta conversación y decisión. Pensó durante un momento y luego sencillamente dijo, "Seré listo... no te romperé el corazón".

¡Vaya! Esa era la respuesta adecuada. Y le creímos.

El verano anterior a su ingreso en el instituto, empezaron sus entrenamientos de fútbol en la calurosa Redding, California. Levi empezó a esforzarse a más no poder para formar parte del equipo junto con los 70 chicos que estaban intentando entrar junto con él. Cuando empezó la temporada, el entrenador les dijo que fueran a un partido donde jugasen los más mayores. Quería resaltar la noción de cómo jugar un partido de fútbol de instituto, mostrándoles cómo jugaban los "chicos mayores".

El día que el entrenador les dijo que hicieran esto, Levi vino a casa y nos dijo, "El entrenador quiere que vayamos a ese partido este viernes por la noche. ¿Puedo ir?"

Cuando miré a los ojos de Sheri, podía ver lo que estaba pensando. Estaba pensando lo mismo que yo. Ambos estábamos teniendo *flashbacks* de lo que habíamos hecho durante los partidos de fútbol del instituto – no tenía nada que ver con el partido en sí. Nos volvimos y miramos a Levi. Sabíamos que no podíamos imponerles nuestros errores de la adolescencia, pero seguíamos teniendo miedo por las muchas posibilidades que estaban esperándole ese viernes por la noche. "Hijo, estamos muy asustados, pero puedes ir".

"¡Puedo ir!" gritó, haciendo aspavientos como Tiger Woods cuando va pegar a la pelota de golf para conseguir un tres bajo par. "¿De veras? ¿Puedo ir? ¡Maravilloso!"

Estaba seguro de que no me había oído decir que estábamos asustados. Estaba demasiado emocionado por poder ir con sus amigos en su búsqueda de conocimiento acerca del fútbol. Le llevé al partido y quedé en ir a recogerle a las 10:00 de la noche. A esa hora volví al campo y con ese don de la tecnología que llamamos "teléfono móvil" le pude localizar. Ahí estaba, justo donde dijo que iba a estar. Mi corazón se sintió aliviado al saber que mi noche de preocupación había sido fútil. Se metió de un salto en la camioneta y me contó todo lo que había aprendido durante esa noche. Tenía que ver, básicamente, con lo bonitos que eran los cascos y los uniformes de las ligas superiores.

Llegamos a casa y salimos de la camioneta. Al acercarnos a la casa, Levi me alcanzó, tocó mi brazo y me dijo, "Papá, gracias por confiar en mí".

"De nada, Levi", dije. "Gracias por habernos protegido esta noche, hijo".

"De nada".

El Poder de "Nosotros"

Levi sabe que lleva una tremenda responsabilidad en nuestra relación. Sabe que nadie puede hacer su parte de "nosotros" a parte de él. Siente el peso de "nosotros" cuando está ahí fuera, en su libertad. Sabe que es libre para hacer lo que esté en su corazón. Su corazón es suyo a la hora de controlarlo. Y ya que está en su corazón proteger su relación con su madre y su padre, toma decisiones considerando cómo nos van a afectar dichas decisiones.

Así se enseña la libertad. Pablo se lo dice a los corintios de la siguiente manera, *"Todas las cosas me son lícitas, mas no todas convienen"* [1]. La libertad hace que nuestra responsabilidad personal salga a la superficie. O nos levantamos con ella o la perdemos. La única manera de cultivar la libertad es experimentando y manejando un mayor número de opciones. Trabajar con un mayor número de opciones es la manera en la que expandimos nuestras vidas para tener una abundancia en continuo aumento.

Jesús dijo que el ladrón es el que viene a robar, matar y destruir. Es el diablo el que nos presenta las limitaciones, el que nos quita nuestras opciones y nos hacer tener miedo de vivir vidas libres. Pero Jesús vino para que *"tengan vida y la tengan en abundancia"* [2]. Jesús quiere ofrecernos una vida de opciones ilimitadas.

La abundancia, la libertad y las opciones son maneras de describir una condición del alma que debemos aprender a dominar si queremos una cultura de avivamiento. El desarrollo y la expansión de una *mentalidad de abundancia* es una clave esencial para presentar con éxito el concepto

---

[1]   I Corintios 6:12

[2]   Juan 10:10

del Cielo que viene a la tierra y que permanece en la tierra. La práctica de la riqueza es un ejercicio de abundancia. Si queremos aprender a ser buenos mayordomos de los recursos del Cielo debemos aprender primero a ejercitar una mentalidad de abundancia.

La Abundancia Crea Libertad

El primer error que tantos creyentes cometen cuando alguien menciona la abundancia es igualarla a la riqueza. Pero la idea de que el dinero es lo que hace que alguien sea rico es como sugerir que sostener un balón de fútbol te hace futbolista profesional. Las riquezas o el dinero son condiciones externas y la abundancia es una realidad interna. Nuestro interior siempre se manifiesta en nuestro exterior.

Durante demasiados siglos una falacia religiosa ha intentado gobernar las mentes de los creyentes para convencerles de que la riqueza es la raíz de todos los males y que, por lo tanto, cuanto más pobre seas, más espiritual eres. De alguna forma, el ser un cristiano pobre, débil e inculto, parece ser algo que Dios vitorea desde el Cielo. Sí, como si estuvieras animando a tus hijos a depender de la seguridad social y a ser unos estudiantes fracasados. Soy plenamente consciente de que en décadas recientes, la iglesia americana se ha ido al otro extremo y ha experimentado con el "Evangelio de la Prosperidad" que ha hecho que muchos vayan tras poderosos Cádilacs y estilos acomodados de vida en vez de tener poderosos estilos de vida y al Consolador. Pero una mentalidad de abundancia no tiene que ver con el dinero ni con la idolatría. Se trata de la libertad.

Dios y Abram

Para poder definir qué es una mentalidad de abundancia, quiero presentarte un viaje al que Dios envió a Abram. En este viaje, Abram empezó como "Abram" y acabó como "Abraham" cuando Dios le hizo pasar por el proceso que sacó a relucir la plenitud de la grandeza que Dios tenía para la vida de Abram. Cuando empezó este proceso, Abram ya era un hombre rico. Tenía muchas posesiones y mucha tierra y era fiel mayordomo de su abundancia. Era un hombre cuyo exterior correspondía con su interior. Pero para que Dios le pudiera llevar al siguiente nivel, le dio una poderosa lista de instrucciones y pasos que ensanchaban a Abram por dentro.

Al presentar el viaje de Abram, quiero desafiarte a que aceptes este mismo proceso para tu vida. Este es el proceso que nos permite confrontar nuestras formas de pensar y las limitaciones que nos impiden tener una relación con el Cielo. Limitamos nuestra vida en Dios con tanta facilidad y tan a menudo porque no vemos lo que nos estorba.

En Génesis 12 leemos la primera vez que Dios habló con Abram:

> *Pero Jehová había dicho a Abram: Vete de tu tierra y de tu parentela, y de la casa de tu padre, a la tierra que te mostraré.* **Y haré de ti una nación grande, y te bendeciré, y engrandeceré tu nombre, y serán bendición.** *Bendeciré a los que te bendijere, y a los que te maldijeren maldeciré; y serán benditas en ti todas las familias de la tierra.*[3]

Menuda manera de decir, "¡Hola! ¿Qué tal?" Así, de pronto, Dios le declara que iba a transformar la vida de Abram, de ser una vida bastante aceptable a su manera de entender, a ser algo que ni siquiera se había imaginado: "En ti, Abram, todas las naciones de la tierra serán benditas".

En el Nuevo Testamento, el apóstol Pablo nos une a esta misma promesa. Escribió en Gálatas que si estás en Cristo, eres de la simiente de Abraham y heredero de la promesa que le fue dada[4]. A través de tu vida también serán benditas todas las familias de

---

[3] Génesis 12:1-3
[4] Ver Gálatas 3:29

la tierra. Esa es la información que lleva tu ADN. Eso es lo que tienes por llevar el nombre de tu Padre y tu identidad como hijo del Dios Altísimo.

Cuatro Claves Para una Nueva Libertad

Hay cuatro aspectos clave en el proceso que Dios empezó con Abram en Génesis 12.

El primer aspecto es el *nombre* de Abram. Nos centramos en el hecho de que *Abraham* significa "padre de naciones", pero es importante ver que *Abram* significa "padre enaltecido". Un padre enaltecido no es un mero padre. Abram no era un tipo corriente. Su propio nombre revela que estaba dispuesto a tomar una posición más elevada, con más responsabilidad de la que tiene un padre común. Este era el tipo con el que Dios estaba trabajando – "Padre Enaltecido". De forma similar, aquellos que nos esforzamos en entender y en llevar la unción y el avivamiento que está teniendo lugar hoy, tenemos que entender que Dios nos ha pedido que llevemos un nivel de responsabilidad mayor de lo que lleva una persona corriente. El hecho de entender esta responsabilidad es lo que nos moldea para ser personas que están dispuestas a seguir a Dios a un lugar *"cuyo arquitecto y constructor es Dios"*. [5]

El segundo aspecto en el proceso para Abram es lo primero que Dios le dijo, y lo que quiero que oigas como si Dios te lo estuviera diciendo directamente. Dijo, *"Abram, quiero que dejes tu país"*. En otras palabras, Dios dijo, "Quiero que dejes tu tierra. Quiero que dejes tu territorio, tu geografía. Quiero que dejes los límites que has llegado a aceptar como si fuesen tu envase, tu seguridad, tu nivel de comodidad e influencia".

En un mover de Dios, uno de los mensajes recurrentes que escuchamos es que Dios quiere que dejemos atrás nuestras áreas de comodidad. La razón por la que lo debemos hacer es porque no debemos tener

---

[5] Hebreos 11:1

nada a lo que poder recurrir fuera de Dios si queremos usar de los recursos del Cielo. Hablé recientemente en una Conferencia sobre el Hambre Espiritual en Spokane, Washington. Heidi Baker era una de los oradores y en una de sus charlas recordó amablemente a la audiencia norteamericana que demasiados tenemos un "Plan B" al que recurrir en caso de que Dios no aparezca. Señaló que esta práctica mata nuestra hambre. También detiene a los cielos cuando canalizamos nuestros recursos para que suplan nuestra comodidad en vez de canalizarlos hacia el plan del Cielo. La mentalidad de abundancia, la mentalidad que nos prepara para participar en el fluir del Cielo a la tierra, se aferra al mandamiento de Cristo de buscar *primero* el reino, sabiendo que Dios se ocupará de nuestras necesidades y deseos.

El tercer aspecto del proceso de Abram está en la próxima frase de Dios, *"Quiero que dejes tu familia"*. Es interesante que cuando Abram obedeció a Dios se llevó a su familia consigo. ¿Qué podría haber estado diciendo Dios aparte de, "Estoy rompiendo tu familia"? Bueno, nuestra familia define las circunstancias de nuestro nacimiento. Tú y yo obtenemos una identidad de aquellos con los que crecemos y es muy difícil que esa identidad cambie y se expanda una vez que se haya establecido en las percepciones de los que te rodean.

En otras palabras: Eres el más pequeño de una familia de cinco hijos. Aunque ya eres adulto, todos te ven como "Juanito". Cuando te presentas en las reuniones familiares, te agarran, se ponen a la cola para acariciarte la cabeza y revolverte el pelo y dicen, "¿Cómo está nuestro Juanito? ¿Qué tal Juanito?"

"Pero, papá, soy el presidente de IBM".

"Lo sé, hijo, pero siempre serás 'Juanito' para nosotros".

Llevas una identidad en particular con las personas que están muy familiarizadas contigo. Cuando estás con estas personas te miran de manera que te están diciendo, "¡Ja, ja! ¡Mírate! Nunca escaparás de la cajita en la que te hemos metido". Es posible que esa identidad sea una caja muy cómoda. Tal vez tu familia te respete y admire. Pero la realidad es que sólo Dios, el que nos diseñó a cada uno, entiende nuestra verdadera identidad y llamado. Y para poder descubrir y convertirnos en lo que Él quiere, tenemos que exceder los límites de lo que nuestra familia espera de nosotros.

El Señor nos dice, como le dijo a Abram, "Quiero que dejes tus limitaciones físicas y geográficas, y quiero que dejes tus limitaciones de autoridad. Quiero que dejes el territorio en el que estás cómodo y quiero que dejes la identidad que te ha dado la gente que está más familiarizada contigo". Y, finalmente, nos dice, *"Quiero que dejes la casa de tu padre"*.

Este asunto de dejar la casa de tu padre es en lo que me quiero centrar el resto del capítulo. La casa de nuestro padre es el lugar donde recibimos su identidad, su cubierta y el estatus socio-económico particular de nuestro padre. Por ejemplo, digamos que naciste en una familia en la que tu padre era un obrero que ganaba $8,00 la hora. Tu madre se quedaba en casa para criarte junto con tus cuatro hermanos y tenía un negocio en internet vendiendo cosas por eBay. Los ingresos anuales conjuntos eran de $40.000,00 al año. Esta experiencia te situó en una clase socio-económica particular, esta clase te ha dado las lentes a través de las cuales ves el mundo y tus posibilidades. Funcionas de manera natural entre un grupo determinado de personas. Tú identificas lo que es valioso, lo que es posible y lo que las diferentes circunstancias significan para ti a través de tu clase socio-económica.

Nuestra clase socio-económica normalmente viene acompañada por un grupo de personas que validan lo que creemos como cierto y que ven valiosas las mismas cosas que nosotros. Estamos rodeados de personas que ven el mundo de la misma manera que nosotros – nuestros vecinos, los amigos de nuestros padres, nuestros mejores amigos y nuestras escuelas. Todas estas personas, junto con numerosos refuerzos culturales de los que en su gran mayoría no estamos conscientes, crean lo que consideramos "normal" y habitualmente no tenemos razón alguna para pensar que las cosas pueden ser de otra manera. Todos juzgamos o nos reímos de las demás clases y nos aferramos a la nuestra como si fuese la única clase verdadera, la manera correcta de ver el mundo. Para la mayoría, nuestros ojos no se han abierto al hecho de que hay más formas de ver el mundo que la que nosotros tenemos.

Así pues, lo que te quiero presentar a continuación es algo que espero te descubra la manera en las que ves las cosas ahora y la manera en la que tu nueva identidad, tu verdadera identidad, está diseñada para ver las cosas. Espero exponer y confrontar la manera en la que ves las cosas porque has sido llamado a gobernar. Has sido llamado a ser un príncipe o una princesa. Eres de la realeza. Eres más rico de lo que te has atrevido a imaginar. Pero a no ser que pienses como una persona que tiene abundancia, no podrás manejar tu identidad, ni tu papel, ni tu responsabilidad ni tus recursos.

Llamados a Señorear

Proverbios 28:16 dice, *"El príncipe falto de entendimiento multiplicará la extorsión; mas el que aborrece la avaricia prolongará sus días"*. Déjame que lo diga así, *"Un príncipe que no se ve como benefactor castigará a los demás con su poder, pero el que aborrece obtener por medio de la violencia o del control de los demás construirá un legado duradero"*. Cuando un príncipe *piensa* como un mendigo, *vive* como un desdichado superviviente con mucho poder a su alcance.

El mendigo aprende una poderosa lección a lo largo de su vida y es cómo sobrevivir en este planeta. El punto de vista socio-económico mundial del mendigo se ve completamente definido y dictado por el temor de quedarse sin el suministro diario de recursos. Y cuando le ofreces a alguien al que se le ha enseñado a sobrevivir, un contrato para grabar su música o como deportista profesional o un décimo de lotería, se convierte en un súper-viviente. Tiene grandes recursos pero los utiliza para protegerse en vez de para beneficiar a otros porque por naturaleza cree que para eso son sus recursos. Ve el mundo como algo que está ahí para servirle. Es un oportunista. De lo que no se da cuenta es de que al utilizar sus recursos de manera errónea, está oprimiendo a los que le rodean. Destruye su vida y, a menudo, la vida de los que tiene a su lado porque la manera en la que ve el mundo la ha conseguido a base de aprender cómo sobrevivir y no cómo prosperar.

Como creyentes, todos corremos el peligro de ser príncipes que piensan y viven como mendigos. A no ser que seamos renovados en nuestro entendimiento, no sólo abusaremos del gran poder y autoridad que se nos ha dado, sino que tampoco nos daremos cuenta de lo que está ocurriendo.

La Pobreza, la Clase Media y la Abundancia

Todos nos vemos constreñidos por el punto de vista que hemos recibido de nuestra casa paterna. Para poder entender estas limitaciones e identificar, tanto cómo pensamos, como la forma en que debemos pensar, voy a mostrarte tres puntos de vista de tres diferentes clases socio-económicas – un punto de vista que mira a través del cristal de la pobreza, un punto de vista que mira a través del cristal de la clase media y un punto de vista que mira a través del cristal de la abundancia. Te mostraré cómo cada una de estas tres clases ve y experimenta cosas que son totalmente diferentes de las demás.

Al hacer este ejercicio, quiero que entiendas que la clase social con la que estés de acuerdo será, seguramente, la tuya. Es probable que tengas razones para pensar que las otras dos están equivocadas. No está mal, porque todos los que están leyendo esto hacen lo mismo. No vamos a debatir lo que está bien y mal. Te quiero dar la oportunidad de ver que, aunque ahora eres rico como hijo o hija del Rey de reyes, es probable que, cómo muchos de nosotros, no tengas puestas las gafas de la abundancia para ver tu vida.

Hay una tabla creada por la doctora Ruby Payne en su libro *Un Marco de Referencia para Comprender la Pobreza*[6]. Este libro contiene un trabajo de diagnostico y tratamiento de algunas de las causas de fondo por las que se producen los fracasos en el sistema educacional en las escuelas de Texas. La doctora Payne quería, en particular, instruir a los profesores de la clase media a que entendieran mejor y pudieran influir en niños pobres. Su tesis es que ya que los puntos de vista y las experiencias de los maestros y de los estudiantes son tan diferentes, los maestros no tenían esperanza alguna, ni siquiera de poder educar a niños que no eran de su clase socio-económica. Por lo tanto, la doctora Payne empezó un sistema por medio del cual presentaba a los profesores otro sistema de valores, ideales y motivaciones y, por lo tanto, capacitaba a estos maestros a "salir" de sus limitaciones y alcanzar un punto de vista que ignoraban por completo.

En su libro, la doctora Payne ilustra cómo las diferentes clases experimentan y ven el mundo y me he dado cuenta de que su análisis es muy revelador y ayuda a ver las diferencias. Hace una obra maestra al describir cómo todos vivimos en mundos diferentes aunque compartimos el mundo en el que vivimos. Esta tabla describe lo que valora más cada clase en diferentes aspectos de la vida. Una vez más diré que al repasar los asuntos te sentirás confrontado por lo que consideras más valioso y desafiarás los valores de las demás clases. Voy a seleccionar algunos de los asuntos para desmenuzarlos con el fin de mostrarte por qué debemos dejar "la casa paterna" para entrar en nuestra nueva "Casa del Padre".

---

[6] Nota de la Traductora: el título original es *Understanding the Framework of Poverty*

Un Marco de Referencia para Comprender la Pobreza
Por la Dra. Ruby K. Payne [7]

	Pobreza	Clase Media	Abundancia
Posesiones	Gente	Cosas	Objetos únicos en su tipo. Pedigrí. Legados
Dinero	Para ser usado, gastado	Para ser manejado	Para ser conservado, invertido
Personalidad	Es para diversión. El sentido de humor es muy apreciado	Es para adquirir y tener estabilidad. Los logros son altamente apreciados	Es para conexiones. Las conexiones financieras, políticas y sociales son altamente apreciadas
Énfasis Social	Inclusión social de la gente que les agrada	El énfasis es en la autonomía y la autosuficiencia	Énfasis en la exclusión social
Comida	La cantidad es lo más importante	La calidad es lo más importante	La presentación es lo más importante
Vestido	Estilo individual y expresión de la personalidad	Calidad y la aceptación de los del mismo nivel. La etiqueta es importante	El sentido artístico y la expresión del diseñador es lo importante
Tiempo	El presente es lo más importante	El futuro es lo más importante	Las tradiciones y la historia
Educación	Es valorada como un abstracto, pero no como una realidad	Es crucial para escalar los peldaños del éxito y hacer dinero	Es una tradición necesaria para hacer y mantener conexiones

---

[7] Ruby K. Payne, PhD; A Framework for Understanding Poverty (Highland, TX: aha! Process, Inc., 2005), 59.

	Pobreza	Clase Media	Abundancia
Destino	Creen que la suerte está echada. Incapaces de cambiar mucho	Creen en las opciones. En el poder de cambiar el futuro con buenas decisiones	*Noblesse oblige*
Lenguaje	Para sobrevivencia	Para negociación	Para establecer contactos
Estructura Familiar	Matriarcal	Patriarcal	El que tenga el dinero
Visión del Mundo	Local	Nacional	Internacional
Amor	Condicionado a ser aceptado	Condicionado a los logros	Condicionado a una posición social y conexiones
Fuerza Motriz	Sobrevivencia, relaciones, diversión	Trabajo, logros	Conexiones financieras, políticas y sociales

Me gustaría centrarme en asuntos como Comida, Destino, Visión Mundial y Fuerza Motriz – en primer lugar para ver las diferencias entre estas perspectivas de una manera más clara y, en segundo lugar, para ver su influencia sobre nosotros, como creyentes en la Iglesia, para poder reconocer dónde debemos ponernos de acuerdo con el Cielo. Las 14 áreas mencionadas en esta lista son interesantes por sí mismas, por lo que espero que mi análisis de estas cuatro te anime a revisar las otras diez para hacer lo mismo.

	Pobreza	Clase Media	Abundancia
Comida	La cantidad es lo más importante	La calidad es lo más importante	La presentación es lo más importante

He escogido la comida sólo por diversión. Es una experiencia tan cotidiana que pensé que podríamos reírnos de nosotros mismos durante un rato. La cuestión es que la manera en la que nos relacionamos con la comida es un gran indicativo de la manera en que nos relacionamos con todos los recursos con los que suplimos nuestras necesidades diarias.

Cuando vamos a un restaurante con una mentalidad de pobreza, esperamos algo en particular. Vamos porque queremos que nos den toneladas de comida:

"Si me voy a gastar dinero por ir a comer fuera, quiero poder irme de ese lugar hasta las trancas".

"Oye, Bob, vamos a ir al Oso Marrón esta noche. Nos encanta ese restaurante. Los platos que sirven son enormes. ¡Una maravilla!"

"Vamos a ir a un buffet libre. Vamos ahí porque es un lugar donde puedes comer todo lo que te quepa entre pecho y espalda por $9,99. Van a desear que no hubiéramos entrado, te lo aseguro".

Cuando nuestra primordial preocupación es la supervivencia, nuestra relación con la comida consiste en abarcar la mayor cantidad posible. Pensar que no estamos seguros de cuándo volveremos a comer no tiene que corresponderse con la realidad aunque nos comportemos como si así fuese. Cuando nuestro sistema de valores está basado en la supervivencia, vivo en una experiencia que suple mi necesidad de obtener "cantidad" cuando pienso en comida. ¡Buffet libre!

Cuando abono el impulso de acaparar, ya sea comida o cualquier otra cosa, eso hace que no sea generoso con nadie excepto con aquéllos que pienso que están peor que yo. Tengo amigas que son camareras. En general están de acuerdo en que la peor clientela es la del "domingo por la tarde". Es una clientela exigente, irritable y tacaña a la hora de dar propinas. Desafortunadamente son los cristianos con una mentalidad de pobreza los que van a comer después de la reunión y así comparten con la comunidad su limitado punto de vista sobre el Cielo.

Pienso que, con frecuencia, también vemos una mentalidad de pobreza cuando recogemos la ofrenda el domingo. Es algo parecido a: "Hoy vamos a mostrar un vídeo de niños muertos de hambre en África. Estos niños están peor que nosotros. Vamos a poner música melancólica de adoración y enseñar algunas escenas trágicas para sentirnos más culpables si continúa el nuestro dinero en el bolsillo por el miedo que produce darlo. Gracias por ser generosos".

La clase media se siente más libre de comer fuera cuando quiera. Sus recursos les ofrecen más opciones. Por lo tanto, la cantidad no es la fuerza motriz a la hora de escoger qué van a comer. La clase media recomienda un restaurante como el siguiente:

"Tienes que ir ahí. Tienen el mejor pollo *cordon bleu* del mundo. Está delicioso. También tienen el mejor entrecot que jamás he comido. Luego tienen esta salsa... ¡madre mía, está tan buena! Cuesta unos $50,00, más o menos, pero está tan bueno. Tienes que probarlo."

"Ah, sí, fuimos cuando lo inauguraron, pero ahora está algo sucio. Por eso ahora vamos a otro lugar que está mucho más limpio y la comida está genial".

El valor que se le da a la comida está determinado por su calidad. Si no sabe bien, la clase media pasa. Pero si está delicioso, pagarán dinero extra y volverán a por más. Saben que tienen la opción de decidir dónde gastar su dinero y prefieren obtener calidad, tanto en la comida como en el servicio porque, si no es así, no volverán a ese lugar en el futuro. Tampoco recomendarán ese establecimiento ni a sus amigos ni a sus familiares.

El punto de vista de esta clase social se puede ver en cómo los creyentes escogen la iglesia a la que van a ir. Saben que tienen opciones. Pueden ir a cualquiera de las iglesias de la ciudad. Por lo tanto, si no hay calidad en la experiencia, ellos no van. ¿Cómo fue la enseñanza? ¿Qué tal es el servicio de guardería? ¿Tienen un buen programa de niños en esta iglesia? ¿Qué tal se aparca en esta iglesia? ¿Fueron amigables y solícitos cuando llegamos? ¿Se dan cuenta de que podemos escoger cualquier iglesia en la ciudad y que de ellos depende que nuestro dinero y nosotros nos quedemos en este lugar? ¿Saben que conocemos a gente de esta ciudad? Saben que podemos ir a otro lado, ¿verdad?

Los ricos son bichos raros para la mayoría de nosotros. Pueden comer cosas de la más alta calidad cada vez que quieran. Por lo tanto, ven la comida como una obra de arte, algo que debería ostentar una buena *presentación*.

"Si no me impresiona la manera en la que está presentada, entonces no estoy seguro de que sea el lugar apropiado. La elegancia, el estilo y la belleza es lo que hace que un establecimiento sea digno de su inversión. Por lo tanto, cuando llega la hora de comer, que me diga algo. ¡Que me impresione!"

Todos los que sirven la comida a los ricos están compitiendo en lo que respecta a su presentación. Los restaurantes de los ricos no tienen cocineros; tienen artistas y escultores creativos que trabajan en la cocina. Ahora bien, si un tipo pobre va a un restaurante para gente rica, se va a asombrar de la minúscula porción de comida cubierta de "hierbajos". Seguramente se enfade y piense que le están timando cuando descubra que esta engañifa le cuesta el sueldo de la semana. La perspectiva de nuestra clase social hace que nos relacionemos de una manera en particular con los recursos. Si tenemos poco, no esperamos mucho más que el que se suplan nuestras necesidades más básicas. Pero si tenemos más que suficiente, esperamos que hasta nuestra experiencia cotidiana de comer, se revista de belleza.

Los creyentes que tienen un punto de vista de clase alta, esperan mucho más de su experiencia con Dios que la mera salvación. Mientras que eso es bueno y están felices de que van a ir al Cielo, estos creyentes están muy conscientes de cómo debe ser la vida sobre la tierra. Saben que hay más provisión, belleza, poder y gozo del que jamás podrán agotar, por lo que se aseguran de vivir en eso cada día, durante todo el día. Menos que eso sería ridículo.

	Pobreza	Clase Media	Abundancia
Destino	Creen que la suerte está echada. Incapaces de cambiar mucho	Creen en las opciones. En el poder de cambiar el futuro con buenas decisiones	*Noblesse oblige*

La carencia de poder es uno de los efectos primordiales de la pobreza. Cuando la gente vive en una atmósfera falta de recursos, sienten rápidamente la restricción de los límites. Su falta de opciones hace que se sientan como víctimas, como si sus vidas estuvieran determinadas por fuerzas externas más poderosas. Como resultado de eso, viven de manera supersticiosa, creyendo que una fuerza que no pueden controlar es la que dirige sus vidas. Creen en el destino, la idea de que su vida es algo que les ocurre y que su tarea es adaptarse lo mejor posible a lo que les sucede. Creer en el destino es como conducir de noche con las luces apagadas. No puedes evitar mucho de lo que pase, por lo que intentas impedir que el automóvil se quede destrozado una vez te hayas chocado.

El destino es algo opresivo para los pobres porque la fuerza externa tiene todo el poder y les deja sin él. Los pobres son esclavos de sus vidas y el sentimiento de falta de poder les crea una ansiedad que les lleva a buscar consuelo en la esperanza de que tengan una racha de buena suerte. Los ricos no son los que compran boletos de lotería. Son los pobres los que anhelan un rescate milagroso de las condiciones de sus vidas, de algo que no pueden cambiar. La vida consiste en sobrevivir dentro del contexto en que nacieron y todos los que conocen tienen la misma mentalidad. Tal vez los jóvenes esperan escapar de ese entorno, pero las esperanzas de los mayores han sido aplastadas por la cruel vida de la pobreza y creen que es inmutable. Es posible que conozcan a unos pocos individuos con "talento" y "bendecidos" que han podido escapar de esta opresión, pero la mayoría está atrapada por una serie de limitaciones que les ha mantenido cautivos por generaciones.

Cuando los creyentes ven su destino en Dios con una mentalidad de clase pobre, viven una vida natural, no sobrenatural, y se encuentran atrapados en los problemas naturales sin esperanza de que haya ninguna intervención celestial. Aprenden a culpar a Dios como el que tiene el poder para hacer algo con su desesperada situación pero que ha decidido no hacer nada. Al experimentar un evangelio sin poder, crean una teología para sancionar esa experiencia, una teología donde el Cielo se parece mucho a la tierra, Dios se asemeja mucho a ellos y el resultado de sus vidas está predeterminado. Al destino se le denomina "la voluntad de Dios" y a la vida de limitaciones y falta de poder se le denomina "humildad" y "perseverancia". Estas son virtudes que hay que perseguir y ser modelos de otros – después de todo, está en la Biblia, por lo que debe ser verdad.

El gran "boleto de lotería" para cada generación es el Rapto. Ya que está claro que Dios no es lo suficientemente poderoso o no quiere cambiar sus circunstancias, lo que les da esperanza es la idea de que Él está planeando rescatarles de esas circunstancias. El concepto de ser poderoso elude a aquéllos que forman parte de la clase pobre porque la vida en Dios no es una experiencia sobrenatural, sino que es más de lo mismo que han experimentado hasta ahora.

La clase media tienen una interacción mucho más poderosa con la vida. Creen que sus destinos y la calidad de sus vidas están influenciados por el hecho de que tienen opciones. El hecho de tener opciones crea una expectativa de libertad y un acceso a recursos que ayudan a creer que se tiene poder para cambiar la atmósfera de manera constructiva. Cuando la clase media se enfrenta con problemas, espera ser capaz de cambiar un sistema o la mayoría de las limitaciones para poder seguir adelante con el deseo que tienen dentro. La clase media cree que los sueños se pueden convertir en realidad. Creen que pueden conseguir lo que quieran si toman sabias decisiones y viven de manera sana y moral. Creen que es su derecho el vivir en libertad y que pueden mantener el poder necesario para preservar esa libertad. Ante todo, la clase media abastece las guerras y las economías. Pueden escoger entre la vida y la muerte o la cantidad de impuestos que van a pagar para proteger su libertad.

Pero la clase media también tiene sus limitaciones. Hay un techo sobre la cantidad de dinero al que tienen acceso, una limitación al poder que tienen sobre su medio. La política, los medios de información y la educación son áreas de influencia y poder a las que pueden acudir en busca de ayuda para mejorar sus vidas. Una vez agoten éstas, buscan solaz construyendo algo nuevo en cada una de estas áreas para que la próxima generación pueda intentar tener éxito. Un nuevo grupo de presión, una nueva campaña o una nueva área de pericia nos impulsa más para obtener el éxito del logro personal y del destino.

La mayoría de los creyentes americanos se ven pillados en el punto de vista de la clase media. Se nos conoce por nuestros esfuerzos por manipular el medio que nos rodea. Es tan tentador el hacer que la gente piense como nosotros. Después de todo, la amamos y queremos lo mejor para ella. Queremos que la gente conozca a Jesús y que tenga lo que tenemos. Deseamos que la gente venga a nuestra iglesia y poner a su disposición la calidad de nuestras vidas. Queremos que nuestro Evangelio llene las ondas radiofónicas, que se enseñe en todas las escuelas y que se legisle desde las más altas esferas de nuestro gobierno. Tal vez la única cosa en la que están de acuerdo los creyentes de la clase media es sobre la visión del Evangelio como panacea social y política. La Coalición Cristiana, como movimiento político, parecía una maravillosa idea en el momento de su creación y tal vez se lo siga pareciendo a algunos. A muchos de nosotros nos encantaría oír a Rush Limbaugh, Oprah o Bono decir de nuevo "Dios" o "Jesús".

Los ricos viven en una existencia sin límite donde no existe la necesidad. Nadie puede evitar que obtengan lo que desean y quieren. Los ricos estás acostumbrados a salirse con la suya. Pidan lo que pidan, eso es lo que obtienen. Esta situación crea una mentalidad en ellos que pocos más pueden experimentar – una mentalidad de abundancia. Tener más de lo que puedas llegar a usar y vivir con esa realidad crea un sentimiento de obligación dentro de la clase rica. Ven que su papel en la vida es el de *la noblesse oblige.* Es un término francés que refleja la idea de que la gente nacida en la nobleza o en las más altas esferas sociales debe comportarse de una manera honorable y generosa para los que son menos privilegiados que ellos.

La mentalidad del rico es de generosidad. Ven el favor y el privilegio de sus vidas como una responsabilidad para traer sustento y fuerza al medio que les rodea. El destino, para los ricos, es un derramar de sus vidas para obtener un beneficio a largo plazo para la sociedad y la generación en la que viven. Viven para honrar el impulso de sus antecesores y para incrementar la herencia familiar para sus propios descendientes. Los ricos entienden que la prosperidad debe ampliarse para que sea duradera.

Cuando como creyentes empezamos a cultivar un punto de vista de clase alta, vemos como ven los apóstoles y los profetas. Vemos y podemos enchufarnos a los recursos ilimitados del Cielo. También vemos que estos recursos son una herencia, algo a lo que tenemos acceso porque hemos sido injertados en el linaje de la familia real de Dios. Esta identidad es la que define nuestra responsabilidad de usar estos inmensos recursos para beneficiar a los que nos rodean. Cuando empecemos a creer en lo ilimitado de lo que tenemos y en el peso que conlleva nuestro llamado a usar esos recursos, conoceremos y experimentaremos la realidad de la promesa de que recibiremos aquello que pidamos. Lo sobrenatural invadirá nuestras vidas y finalmente perderemos la ansiedad que ha formado una parte tan efectiva de nuestra cultura cristiana – esa ansiedad que es resultado de vivir una vida que no experimenta todas las realidades que llenan las páginas de la Biblia que profesamos creer y vivir.

Espero que podáis ver que dejar la casa paterna y entrar en la nueva Casa del Padre, automáticamente lleva nuestras vidas a una experiencia diferente a la que vivieron nuestros padres. Aunque apreciamos y entendemos el legado de los que nos precedieron, no estamos añorando tiempos pasados. No estamos orando para que podamos volver a la iglesia del "Libro de los Hechos". ¿Puedes imaginarte al líder de General Electric diciendo: "Vamos, chicos, tenemos que volver a los gloriosos días de las velas. Manos a la obra. ¡Volvamos a esos días!"?

	Pobreza	Clase Media	Abundancia
Visión del Mundo	Local	Nacional	Internacional

Todos tenemos una visión del mundo. Es la mira y la visión en la que nos involucramos al vivir nuestras vidas. Internet y la televisión por satélite nos han ayudado a expandir nuestra conciencia sobre asuntos globales, pero cuando nos ponemos a hablar sobre un tema desde un punto de vista mundial, cada clase social sigue haciéndolo de acuerdo con sus propias prioridades

La clase pobre ve la vida de manera local. Ya que sus recursos son escasos, no se pueden permitir el preocuparse con cosas que estén fuera de su ámbito inmediato de responsabilidad. El vecindario, el pueblo, la ciudad o parte de la ciudad es el límite de la preocupación e inversión llevada a cabo por la mentalidad pobre. Las iglesias que tienen una mentalidad pobre ven el mundo en el contexto de su propia congregación, su propiedad, su denominación o su programa de misiones. Está limitada a lo que pueden beneficiar directamente o de lo que se puede beneficiar.

La clase media tiene la tendencia a preocuparse más por su nación, porque se sienten más afectados por la condición del clima político y económico de ésta. Ir a votar, escuchar las noticias nacionales y las predicciones económicas son preocupaciones en las que invierten su tiempo. Las iglesias de la clase media son las que hacen campañas de "salir y *votar*" y se aseguran de que los cristianos se enteren de quiénes son los candidatos. Sus preocupaciones a la hora de orar están dirigidas al clima social y político de la nación.

La clase rica piensa de manera internacional. Invierten sus vidas de manera global y están muy al tanto de cómo las actividades que tienen lugar por todas las partes del mundo afectan a la economía global. La mentalidad rica entiende el "cuadro general" y cómo la comunidad mundial debe tener éxito al igual que las comunidades nacionales y locales.

Los creyentes que tienen una mentalidad rica sobre el mundo, viajan. Invierten sus vidas en la macro-influencia. Creo que Randy Clark proporciona un vehículo, como no conozco otro, para dar a los creyentes una experiencia del mundo que proviene de una mentalidad de abundancia. Ir a otras naciones, juntarse con otros creyentes y ver cómo el Cielo toca a la tierra aporta algo que cultiva una expectación ilimitada en tu vida. Ayuda a conectarte con el hecho de que el Evangelio, la Iglesia y el Reino de Dios son realidades globales. Es una demostración práctica de la comisión que Cristo nos dio de "*ir a todo el mundo y predicar el evangelio a toda criatura*". Tu punto de vista sobre el mundo se amplía al ver los planes del Cielo y los recursos que se han destinado para el impacto global y al ver que has sido llamado para formar parte de ese cuadro global.

	Pobreza	Clase Media	Abundancia
Fuerza Motriz	Sobrevivencia, relaciones, diversión	Trabajo, logros	Conexiones financieras, políticas y sociales

¿Qué es lo que te motiva? ¿Por qué te levantas por la mañana? Vemos una variedad de motivaciones en las distintas clases sociales. Cada una tiene su propia escala de valores interiores sobre lo que impulsa a sus miembros a lo largo de sus vidas. La fuerza motriz de cada clase está arraigada en cómo ve el mundo en el que viven y cómo se relaciona con los recursos existentes.

Para la clase pobre, la preocupación diaria por sobrevivir crea una brújula para sus decisiones y, ya que su convicción de su falta de poder es tan fuerte, estas decisiones normalmente intentan encontrar el camino que ofrece menos resistencia para poder evitar el dolor. La búsqueda del placer y de la posibilidad de escapar empieza cada día porque la vida ya tiene demasiado dolor en sí misma.

Para el pobre, el valor de las relaciones radica en la experiencia de amor y de conexión social que ofrece. Nuestra familia y nuestros buenos amigos son nuestro mundo y, normalmente, estamos juntos durante una gran parte de nuestras vidas. Crear relaciones con los vecinos es algo natural y esas relaciones son vitales porque a menudo ofrecen una manera de conseguir los recursos necesarios para la supervivencia. Desafortunadamente, la escasez de los recursos y el deseo de sobrevivir habitualmente conducen a la erosión y al abuso de confianza en las relaciones.

El ocio ofrece un método fantástico para escapar de la dureza de la realidad que hay en la pobreza. La habilidad del individuo para entretener a los demás con sus dones, humor o música catapulta a esa persona a los lugares más codiciables dentro de la clase pobre. El valor que se le otorga al entretenimiento y a los que entretienen hace que este grupo no deje de producir ambas cosas.

Cuando la fuerza motriz para los creyentes es la necesidad de sobrevivir y el anhelo de escapar del dolor, viven en un caos continuo. Los divorcios, los adolescentes rebeldes, la violencia doméstica y los altibajos financieros son la cultura del hogar. La ansiedad y el temor amenazan con devorar cualquier cosa que intenta crecer en este ambiente. Las iglesias con esta fuerza motriz luchan por crear un ambiente de crecimiento y de avance pero tienden a construir un legado de conflicto y lucha. Normalmente los recursos son la fuente de la lucha. Al igual que ocurre con muchas naciones que se pasan décadas en medio de una guerra civil, estas iglesias no pueden recuperarse de la última batalla con las autoridades que les gobiernan. Los despojos de lo que una vez fue un lugar lleno de recursos termina marcando los restos de una iglesia cuyo énfasis está en la supervivencia.

La habilidad de alcanzar logros es la fuerza motriz de la clase media lo cual explica por qué este grupo es normalmente conocido como "clase trabajadora". La clase media valora a aquéllos que contribuyen a mejorar la sociedad. Hay pocas cosas que les deshonren u ofendan más que aquéllos que no trabajan para vivir. Trabajar duro para poder llegar a la cumbre es el sistema de valores de esta clase porque valoran las cosas, la planificación del futuro y los logros. La educación, la personalidad y aún el lenguaje se ven impulsados por la necesidad de esta clase de triunfar a medida que suben por la escalera del éxito.

En una familia de clase media, los padres trabajan para crear oportunidades para sus hijos para que éstos obtengan una educación y puedan tener un buen empleo. Una vez que el hijo haya encontrado la carrera que le satisface, se completa el círculo. Entonces estos hijos trabajan para tener éxito y así poder enviar a sus propios hijos a una buena escuela que les brinde la oportunidad de obtener un empleo bien remunerado. El amor es algo que se dispensa en este sistema. Cuando un hijo no completa este círculo, los padres luchan por sentir que son buenos padres y la dinámica familiar sufre cierta confusión y hasta división porque el hijo ha roto el ciclo.

Al estar motivados por los logros, los creyentes en la clase media tienen un evangelio de "obras" que les pone a trabajar para Dios. Él les ha provisto de una buena educación en la iglesia y ahora espera que sean trabajadores triunfadores en Su Reino. Los planes y metas de la iglesia de la clase media están llenos de trabajo y de logros. Cuanto más se consigue "para Dios" más exitoso es nuestro ministerio.

La iglesia de la clase media parece ser muy eficiente e impulsa a las personas que son buenas en los negocios o a los ganadores. Normalmente siguen a un triunfador. "El Dr. Menganito es nuestro líder porque tiene muchas credenciales y cartas de recomendación de otros líderes triunfadores cristianos que todos conocemos y respetamos". Sin quererlo, acabamos teniendo un evangelio de amor condicional. Se introduce en el ambiente que nos rodea porque estamos tan ocupados celebrando a los triunfadores que no vemos cómo tratamos a los que no están "a la altura de las circunstancias". Con el tiempo, todos llegan a entender que Dios nos ama a todos, pero ama *de verdad* a los que cosechan logros. Y el mensaje se ve reforzado por toda nuestra cultura de clase.

Los ricos tienen una fuerza motriz que, una vez más, no tiene mucho sentido para las otras dos clases. Se levantan por la mañana para establecer y fortalecer sus conexiones con otras personas que se dedican a cambiar el mundo. Los ricos comprenden que hay pocos poderosos capaces de hacer decisiones que hagan que el clima global económico, social y político cambie. Se preocupan por tener contactos con esas personas que toman decisiones y hacen todo lo posible por estar cerca de ellas.

Los ricos no están toda su vida trabajando. No están educando a sus hijos para que obtengan un empleo. En vez de esto, envían a sus hijos a escuelas donde otros poderosos envían a sus hijos. Los contactos son la fuerza motriz de la clase rica. Creen que no es lo que sabes, sino a quién conoces y quién te conoce lo que hace que tengas éxito.

El hecho de proteger y desarrollar estas relaciones les ayudan a saber lo que está ocurriendo en el mundo. Los líderes mundiales en el campo de la política, las financias y la sociedad deciden emplear su tiempo con los demás por una razón. Sabiendo que dirigen la mayor parte de los recursos del mundo, intentan proteger el impulso de su clase gobernante y de sus miembros. Entienden cosas que las otras clases no. Viven vidas que no tienen límite y saben lo que se necesita tanto en carácter como en responsabilidad para mantener la libertad viva durante su generación y en la próxima. Los ricos hacen todo lo posible por enseñar a sus hijos a manejar, proteger y pasar los secretos de la vida en una libertad sin límites.

Los creyentes que se aferran a la prioridad y al poder de las conexiones invierten su tiempo y energía en construir relaciones con otras personas que quieren avivamiento e invierten en la educación de sus hijos para que éstos hagan lo mismo. Hacen sacrificios para estar donde se está derramando la unción de Dios. Estudian y experimentan las obras y maravillas de Dios a medida que éstas ocurren por todo el globo. No se sienten satisfechos de "trabajar" para Dios, sino que, más bien, no cesan hasta que Él derrame Sus recursos ilimitados a través de sus vidas para las vidas de los que les rodean. Los creyentes con una mentalidad rica, unen sus corazones a líderes apostólicos y proféticos por todo el mundo y dirigen la energía, recursos y tiempo de sus vidas para que estos líderes tengan éxito. Saben que para que el conocimiento de la gloria del Señor cubra la tierra como las aguas cubren el mar, la Iglesia, como norma general, debe estar llena y rebosando.

Los que tienen recursos ilimitados no se centran en esos recursos como fines en sí mismos, sino en invertirlos en las cosas que verdaderamente importan – la gente, los legados culturales, la belleza. Buscan causas "dignas" – cosas que merecen *honor*. Es por esto por lo que los creyentes que tienen una mentalidad de riqueza crean una cultura de honor. Como la mayoría de las cosas en la vida cristiana, el honor no es una idea sino una práctica, una práctica de dar. Los creyentes que tienen una mentalidad de abundancia no practican "actos aleatorios de amabilidad" sino que se aferran a un estilo de vida en el que se convierten en benefactores. Y consideran una causa digna el dar honor a cada persona con la que se encuentran. Esto, después de todo, es lo que la cruz, la cual liberó los recursos del Cielo para nosotros, nos enseña a ver en la gente.

La motivación de la clase pobre y de la clase media para dar no puede apreciar lo que Dios hizo por nosotros al enviar a Su Hijo, porque no envió a Jesús por pena o porque quisiera obtener algo de nosotros a cambio, ni tampoco porque nos lo mereciéramos. Dios le dio a la raza humana el mayor honor al convertirse en uno de nosotros. Después nos dio un honor aún mayor – en Su muerte y resurrección abrió un camino para que pudiéramos ser uno con Él. Y para aquéllos de nosotros que hemos recibido este increíble don de Dios, es *nuestro* supremo honor imitar al que nos ha honrado invitando a la gente a que entre en la generosidad de Dios y dándoles una muestra de lo que hemos recibido.

Bill Johnson declara con frecuencia, "Le debemos a la gente un encuentro con Dios". Les debemos este *honor*. Se da el honor en base a quién somos – no por lo que nos hemos ganado ni por lo que ellos necesitan. Cada persona con la que te encuentras es alguien a que Cristo ha honrado en Su vida, muerte y resurrección. La persona tal vez no sepa quién es verdaderamente desde un punto de vista eterno, pero nosotros sí y cuando tenemos una mentalidad de abundancia y un corazón que honra, les tratamos como se merecen.

Espero que puedas ver que el creyente que tiene una mentalidad de abundancia es uno de los componentes más importantes a la hora de traer el Cielo a la tierra. Esta mentalidad no sólo nos enseña a ver nuestras circunstancias inmediatas desde una perspectiva ilimitada, sino que también nos cimenta en nuestras relaciones tanto con el Cuerpo de Cristo mundial como con las generaciones que nos preceden y nos siguen. Esto nos capacita para deshacernos de las limitaciones de nuestro pasado y para crear una herencia para nuestros hijos para que el hecho de dejar la casa de sus padres en busca de la Casa del Padre no sea una diferencia tan marcada.

¿Puedes imaginarte cómo pueden vivir tus hijos si son educados desde que nacen a caminar en la libertad ilimitada del Reino? ¿Te imaginas una generación cuyo sueño sea beneficiar al mundo que les rodea aprendiendo a gestionar y entregar los recursos ilimitados y transformadores del Reino?

Génesis 12:1-3 dice,

> *Pero Jehová había dicho a Abram: Vete de tu tierra y de tu parentela, y de la casa de tu padre, a la tierra que te mostraré. Y haré de ti una nación grande, y te bendeciré, y engrandeceré tu nombre, y serás bendición. Bendeciré a los que te bendijeren, y a los que te maldijeren maldeciré; y serán benditas en ti todas las familias de la tierra.*

CAPÍTULO SEIS

La Prioridad Del Liderazgo

En el amor no hay temor, sino que el perfecto amor echa fuera el temor;
porque el temor lleva en sí castigo.
De donde el que teme, no ha sido perfeccionado en el amor

I Juan 4:18

S e dice que Thomas Jefferson dijo, "La gente libre es la más difícil de dirigir". Para los líderes de las iglesias esto es muy pertinente porque la gente libre son precisamente las personas a las que tienen que dirigir.

Desafortunadamente, muchos líderes no han llegado a dominar las dificultades que acarrea el dirigir a gente libre. Para poder guiarles, debemos establecer un ambiente del que obtengan esa libertad y un gobierno que les ayude a mantenerla. En general, la iglesia clásica no es conocida por ninguna de estas dos cualidades. La gente que observa desde fuera no espera poder mantener su libertad una vez que haya entrado en la "institución". Normalmente los que entran están dispuestos a renunciar a su libertad a cambio de poder deshacerse de su dolor. Cuando estas personas aprenden que Dios es un maestro que lo que quiere es controlarles, como muchos creen, sospecho que los líderes de las iglesias han fracasado a la hora de comprender nuestro propio

Evangelio de libertad. Un Dios controlador que se ve normalmente representado por un liderazgo eclesiástico controlador, no son buenas nuevas.

¿Cómo pueden crear los líderes libertad en vez de crear más reglas? ¿Cómo podemos sacar a la superficie lo mejor de los seres humanos aún cuando estamos tratando con sus problemas y deficiencias? ¿Podemos dar poder a otras personas y dejarles libres para vivir a partir de lo mejor de su naturaleza y de las verdaderas razones por las que están vivos? Como líderes, padres y jefes cristianos ¿vamos a tomar la responsabilidad de aprender cómo atraer los sueños y el destino de las personas a las que dirigimos?

Déjame mostrarte un ejemplo de cómo puede ser dirigir a gente libre (esto te puede sonar si has leído mi libro *Amando a Nuestros Hijos a Propósito*). Mi hija, Britney, una vez tuvo 14 años. Y, como la mayoría de las chicas de 14 años, tenía un concepto totalmente diferente del de mi mujer de qué significa recoger la cocina. Por esta razón, a menudo escuchaba conversaciones parecidas a la siguiente:

Sheri decía, "Britt, a fregar platos".

Y Britt respondía, "Ahora voy"

Ese "ahora voy" se convertía en 20 minutos y Sheri repetía, "Britt, es hora de lavar los platos".

Britt le respondía diciendo, "Estoy haciendo los deberes como me dijiste", o "Estoy hablando por teléfono. Termino enseguida".

Esto formó parte de nuestro ritual vespertino durante varios meses. Era como si las dos fueran incapaces de comenzar un nuevo día sin hacer este intercambio de palabras. Muchísimas veces, Britt se comprometía verbalmente a recogerlos para luego no hacerlo y así, cuando mi esposa se levantaba por la mañana, se encontraba todos los platos sucios. Hay varias cosas que no le gustan a mi esposa: la injusticia, el sushi, los bichos, las películas de miedo y los platos sucios. Lo cierto es que no le gusta *despertarse* y encontrarse con los platos sucios.

Por fin ocurrió por última vez. Britt se fue a la cama tarde un viernes por la noche y se le olvidó fregar los platos. El sábado por la mañana ella y Sheri tuvieron una corta conversación sobre este tema poco después de que Sheri se hubiera encontrado con la pila llena de platos. Les podía oír con su "pequeña conversación" desde la otra punta de la casa. Cuando terminó de hablar con Brittney, Sheri vino para contarme lo que había pasado. Le dije que ya lo había oído. Mientras tanto, la amiga de Brittney, Rebeca, había venido y estaba hablando con Britt en su habitación. Cuando Sheri y yo nos pusimos a buscar a Britt para hablar de la situación de los platos, descubrimos que, sin aviso previo, Britt y Rebeca se habían ido de casa para ir a la de Rebeca que estaba calle abajo. Sheri me miró con ojos que lanzaban llamas. De repente, parecía como si su cabeza fuera a explotar en llamas, como si se le fuese a abrir el cráneo y como si un dragón asomase por la parte superior de su cabeza. El dragón me miró y me dijo, "¿Qué vas a hacer *tú*?"

"¿Yo?" repliqué intentando contener una sonrisa.

"¡Sí!" dijo el dragón. "¿Qué vas a hacer con *tu* hija?"

"O sea que quieres que sea *yo* el que trate con esta situación, ¿no? ¿Es eso lo que me estás diciendo?"

"¡Sí!" dijo el dragón, echando fuego por la boca.

Fui corriendo y fregué los platos.

Ahora bien, "fregar los platos" en nuestra casa quería decir mover los platos desde el fregadero al lavavajillas. Eso es todo lo que hice. Tal vez necesité seis minutos. Tal vez.

Brittney y Rebeca volvieron a nuestra casa cubiertas de maquillaje y peinadas iguales con coletas de caballo. Britt preguntó, "Mamá, papá, ¿puedo ir al centro comercial con Rebeca y su madre?"

Pensé que todos íbamos a volver a ver al dragón, pero en lugar de eso, Sheri se estaba mordiendo la mano, señal inequívoca de que yo era el que tenía que tomar las riendas por completo. Dije, "Brittney, querida, he fregado los platos en tu lugar".

Me dijo, "Papá, eso no es justo. Iba a fregarlos, ¡oh!" Britt empezó a dar pequeños saltitos sin levantar los pies del suelo pero que comunicaban que no le gustaba lo que estaba ocurriendo.

Rebeca observó este intercambio con una mirada confusa. Finalmente le preguntó a Britt, "¿Estás metida en problemas? ¿Cómo sabes que te has metido en problemas? Nadie está gritando".

Brittney dijo, "¡Va a intercambiar tareas conmigo!"

"Querida, ¿qué tarea te gustaría intercambiar conmigo? ¿Prefieres hacer el cobertizo de la basura o el gallinero?"

"¡Qué asco! ¿Puedo mirar primero?"

"Por supuesto que sí. Por supuesto que puedes escoger el que quieres hacer". Y así le di poder. Quería que se sintiera poderosa cuando estuviera conmigo. Salió.

Para los que no lo sepan, el cuarto de basuras es una experiencia cultural para los que viven en Weaverville. Los cubos de basura, si se dejan fuera, pueden terminar llenos de perros, gatos o mapaches, por lo que siempre había que meter los cubos en un cuarto cerrado. La puerta del cobertizo tenía una pequeña ventana y en cuanto veía que las bolsas de basura eran visibles a través de esa ventana, sabía que era el momento de ir al vertedero. Era un fastidio, por lo que siempre esperaba que uno de mis hijos me intercambiara tareas.

Britt fue y abrió la puerta del cobertizo. Diez millones de moscas fueron volando hacia su cara. "¡Qué asco!"

Rebeca casi empezó a correr marcha atrás, gritando, "¿Qué narices estamos haciendo aquí?"

Brittney escupió una mosca que se le había metido en la boca e hizo una mueca. Después se dirigió al gallinero. Cuando llegó allí estaba bastante enfadada y le dio una patada a la puerta al entrar. "¡Gallinas estúpidas!" Abrió la puerta del gallinero y se murió de asco a causa del hedor.

Después volvió a la casa y me dijo, "Gallinero".

"Maravilloso, Britt. ¡Gracias!" Respondí, emocionado de que no tendría que volver a limpiar eso mientras viviera. Después pregunté, "¿Te gustaría hacerlo hoy o mañana después de la iglesia?"

"¿Puedo hacerlo mañana? ¿De verdad? ¿Puedo ir hoy al centro comercial con Rebeca?"

"Por supuesto, si quieres".

"¡Puedo! Oh, papá, gracias, gracias."

Tal vez estés pensando, "¿Qué? ¿Has dejado que la transgresora se vaya? ¿Has dejado que la pecadora escape del castigo que merecía? ¿Tu hija pudo disfrutar de la libertad y del privilegio sin experimentar primeramente el sufrimiento que conlleva la lección? ¿No sabes que para propiciar el pecado tiene que haber antes derramamiento de sangre? ¿Cómo va a llegar esta niña a aprender la lección?"

Espera. La historia no ha terminado.

Se fueron al centro comercial y se lo pasaron en grande. Al día siguiente nos fuimos a la iglesia y a la vuelta estaba diluviando. ¿Por qué? ¡Porque Jesús me ama! Brittney estaba intentando hacerse invisible.

Le dije, "Oye, Britt, cariño, ¿te gustaría ponerte mis botas de goma o esas zapatillitas tan monas que llevas puestas?"

"Tus botas de goma".

"¿Quieres ponerte mi impermeable o ese precioso jersey que llevas puesto?"

"Tu impermeable".

"¿Prefieres usar el tridente o la pala?"

"Seguramente necesite las dos cosas".

Y allá fue. Una... dos... *tres* horas después, volvió arrastrando la pala y el tridente. Le colgaba paja de la cabeza. Me encontré con ella en la puerta de atrás y le pregunté lo que necesitaba.

Me dijo, "He terminado".

"¡Maravilloso! Muchas gracias".

"Lo que tú digas", y se fue a duchar.

Más adelante, esa misma semana, oí que Sheri decía, "Brittney, lava esos platos".

Entonces oí que Brittney decía, "Voy. Sólo un minuto".

Me levanté y dije, "¿Quieres que te los lave yo?" Cuando estaba a punto de levantarme del sillón, vino *volando* por toda la casa gritando, "*¡Apártate de mis platos!*"

Sonreí y dije, "Oye, que sólo quería ayudar. Pero si alguna vez necesitas que te haga tu trabajo, soy tu hombre".

Hay una forma en la que podemos llevar a la gente a la libertad de tal manera, que la responsabilidad sale a la superficie. Es necesario que confiemos en la gente. Pero nunca deja de sorprenderme que cuando confiamos en que la gente va a estar a la altura y vemos la sabiduría en sus decisiones, entonces vemos una persona más grande en nuestras relaciones. La gente quiere que se confíe en ella y quiere ser libre.

Crea un Lugar Seguro

¿Por qué piensas que es tan difícil dirigir? Bueno, te puedo decir que el problema a la hora de dirigir a gente libre está conectado con una pregunta acerca del universo que los filósofos y los teólogos han estado estudiando durante siglos. Está unido al hecho de que Dios, el líder del universo, nos creó libres. Realmente, Dios nos *confió* la libertad. C.S. Lewis presentó un relato muy conciso de esta situación en el libro *Cristianismo ¡Y nada más!*:

> Dios creó las cosas que tenían libre albedrío. Eso quiere decir que las criaturas podían perseguir lo bueno o lo malo. Algunas personas piensan que pueden imaginarse una criatura que fuese libre pero que no tuviera posibilidad de hacer el mal; yo no puedo. Si una cosa es libre para ser buena también lo es para ser mala. Y el libre albedrío es lo que ha hecho que el mal sea posible. Entonces, ¿por qué le dio Dios al hombre libre albedrío? Porque el libre albedrío, aunque hace que el mal sea posible, es también la única cosa que hace que el amor, la bondad y el gozo sean posibles y dignos de experimentarlos. Un mundo de autómatas – de criaturas que operen a modo de máquinas – no sería digno de ser creado. La alegría que Dios ha diseñado para Sus seres superiores es la alegría de estar unidos a Él y a los demás de una manera libre y voluntaria en un éxtasis de amor y deleite que, comparado con el cálido amor entre un hombre y una mujer en este planeta, es como si fuera leche y agua. Y para eso deben ser libres.

Por supuesto que Dios sabía lo que ocurriría si utilizaban su libertad equivocadamente: es evidente que consideró que merecía la pena el riesgo. [1]

La dificultad a la hora de dirigir a gente libre es el *riesgo* – el riesgo de que utilicen su libertad equivocadamente. Pero, a diferencia de Dios, muchos de nosotros en la iglesia no entendemos por qué merece la pena asumir este riesgo. La amenaza de libertad mal utilizada aparece como algo más grande que el premio de la verdadera libertad. Y, a causa de eso, nos asustamos. Este temor puede ser endémico en sociedades supuestamente libres. En los Estados Unidos, supuesto país líder del mundo libre, el temor es galopante. Como creyentes tenemos que conectarnos a cosas muy poderosas si es que vamos a resistir al temor en nuestra cultura y vamos a dispensar confianza hacia Dios y hacia la gente. También es necesario que machaquemos en nuestro sistema de creencias el valor de la libertad en el Cielo.

Como señala Lewis, el valor de la libertad, el propósito de la libertad, es el amor. Cuando usamos nuestra libertad para amar, como se supone que debe ser, tanto nuestra libertad como la de los que nos rodean está protegida y cultivada. Como líderes tenemos que llevar a cabo muchas cosas, desde definir la realidad hasta alcanzar metas productivas. Pero la prioridad del Cielo está clara como el cristal: "Si no tienes amor… lo único que haces es ruido" [2]. Los líderes que extinguen el amor en el proceso de obtener sus metas tal vez hayan conseguido prioridades terrenales. Pero las metas más altas del Cielo requieren que cultivemos y preservemos el amor y, de esta manera, la libertad, porque no se puede tener amor sin libertad. Dios es amor y Su Reino es un Reino de libertad. Es por esto por lo que la Biblia nos dice, "*Porque el Señor es el Espíritu; y donde está el Espíritu del Señor, allí hay libertad.*" [3] Este versículo

---

[1] C.S. Lewis. *Mere Christianity* (New York: HarperCollins, 2001), 47-48

[2] I Corintios 13:1 - paráfrasis del autor

[3] II Corintios 3:17

dice que cuando Dios se manifiesta, la gente se siente libre. Si eso no es lo que está ocurriendo, deberíamos preguntarnos por qué. ¿Por qué no hay más libertad en más lugares? ¿Podría ser porque muchas personas, incluyendo a los líderes, malinterpretan la meta del liderazgo de Dios para con nuestras vidas?

Quiero manifestar que la meta del liderazgo de Dios sobre nuestras vidas y, en consecuencia, la meta del liderazgo de la iglesia, es crear un *lugar seguro* para poder descubrir quién somos y por qué estamos aquí. Un lugar seguro es un lugar donde el temor a la libertad mal utilizada no se levanta ni nos intimida hasta el punto de no querer arriesgar la confianza y el amor en nuestras relaciones. Un lugar seguro es lo que se cultiva cuando la libertad es expresada mediante el amor. La esencia del amor es la *seguridad* y la *conexión*. Si la gente no se siente segura para ser ellos mismos y no se sienten conectados con las personas que les rodean, es difícil convencerles de que están en un lugar de amor.

Ahora bien, no podremos experimentar un lugar seguro con Dios y con Su pueblo si no llegamos a comprender y creer qué es lo que Dios quiere para nosotros. Mi experiencia me dice que la mayoría de la gente, incluidos los cristianos, piensan que Dios quiere que hagamos un fila, nos quedemos en la fila y que nos portemos bien. Hemos aceptado la idea de que Él es paciente, pero a punto de enfadarse. Para la mayoría de las personas, Dios es un personaje que da miedo – impredecible y estricto. Pero consideremos lo que Dios dijo a través del profeta Isaías: "*Porque los montes se moverán, y los collados temblarán, pero no se apartará de ti mi misericordia, ni el pacto de mi paz se quebrantará, dijo Jehová, el que tiene misericordia de ti*". [4] Las montañas y los montes ¿se moverán? ¿Te puedes imaginar cómo se quita una montaña? ¿Te puedes imaginar lo que se necesitaría para que eso ocurriese? Requeriría más que un poco de violencia, asustaría.

Dios está diciendo que no es impredecible. Quiere que estemos

---

[4]   Isaías 54:10

completamente seguros de Su actitud hacia nosotros: "Mi amor y Mi pacto de paz nunca serán quitados". Dios quiere que tengamos esta seguridad bendita, esa verdad que nos sitúa en el lugar para buscar la libertad que conseguimos cuando Jesús se manifiesta. Esta mentalidad, esta expectación y esta seguridad nos permiten ser libres allá dondequiera que vayamos.

No importa lo que le imputes a Dios, no importa las escrituras que utilices para basar tu caso, no importa qué haces para construir una realidad diferente – Su amor y Su paz nunca te serán quitadas. Esa palabra "paz" es, literalmente, la palabra *shalom*. De esta palabra obtenemos bastantes definiciones muy poderosas. Esto es lo que dice en el diccionario de hebreo de Strong:

> 07965 *shaw-lome';* seguro, bien, contento, amigable; salud, prosperidad, paz, bien.

Por favor, daos cuenta de que la primera definición de *shalom* es "seguro" o "seguridad". Nuestro pacto con Dios es un lugar *seguro*. El poder que hay en esta realidad es que como seres humanos florecemos en la seguridad. Es por esto por lo que *shalom* también quiere decir "salud" y "sano". Los efectos nutritivos de Su presencia estimulan lo más profundo de lo mejor que hay en nosotros. Por esto Él dice que Su pacto es para hacernos el bien y no para traernos calamidad [5]. Su pacto trae paz, alegría, seguridad y satisfacción y nunca nos será quitado. Cuando Él se manifiesta, Su presencia es un lugar seguro.

Estas son buenas nuevas. Puedes sonreír. Cuando el Señor viene, Su atmósfera está cargada de *shalom*. Trae un lugar seguro por donde va. Nunca deja de sorprenderme cómo tantas personas quieren demostrar que Dios da miedo. Pero lo hacen. Esta es la razón por la que como líderes de Bethel, hemos comprendido que una de nuestras principales tareas es declarar de forma regular la verdadera actitud y naturaleza de

---

[5]   Ver Jeremías 29:11

Dios hacia nosotros. Casi cada vez que lo hacemos, podemos sentir que confronta el pensamiento equivocado que hay en la sala. Tantas veces he oído a Bill Johnson declarar a la congregación que Dios está de buen humor y luego oigo la risa nerviosa que brota por todas partes como diciendo, "Ja, ja. Nunca he pensado en Dios de esta manera". Yo mismo he dicho esto mismo en lugares en los que he ministrado. "¡Dios está de buen humor!" Puedo ver la confusión en los ojos de algunas personas. Es como si quisieran coger su Antiguo Testamento y gritar, "En esta parte de la Biblia desde luego que no". Sí, ¡lo está! Está de buen humor desde el principio hasta el final, y también puedes demostrarlo.

Esta verdad parece ser una obviedad desde el momento en el que Jesús vino e instauró el Nuevo Pacto. Ya han pasado un par de milenios. Ya deberíamos haberlo pillado a estas alturas. Dios está muy al corriente de Su diseño original en el que necesitamos un lugar seguro. El Huerto de Edén era un lugar con estas características. Hemos sido diseñados para necesitar libertad. Estamos en nuestro mejor momento cuando estamos seguros, cuando estamos contentos, cuando nos sentimos sanos y cuando tenemos paz. Si se interrumpen nuestra paz y nuestra seguridad, entonces nuestro cuerpo físico empieza a experimentar un proceso de cerrar lo mejor que hay en nosotros para que salga a relucir lo peor. Funciona así, más o menos:

Dios puso una pequeña glándula en nuestro cerebro que se llama amígdala. Es una masa con forma de almendra que se encuentra en la zona más profunda de los lóbulos temporales del cerebro. Esta glándula es importante a la hora de determinar las respuestas emocionales, especialmente las asociadas con el temor. Cuando alguien nos hace algo de manera inadvertida o amenazante, cuando alguien no es seguro, tu amígdala entra en funcionamiento y empieza a inundar tu cuerpo con estos mensajes: *reacciona, defiéndete, desaparece, lucha* o *huye*. Éstas son algunas de las respuestas en las que mostramos lo peor que hay en nosotros. No se necesita un científico nuclear para descubrir que la gente que tiene miedo no está en su punto álgido de creatividad. Si alguna vez te encuentras al lado de alguien que se está ahogando y que está asustado pensando que tal vez se muera, sabes que es una buena cosa mantenerte alejado de esa persona. Échale un cuerda o acércales un palo al que asirse, pero no permitas que esa persona te agarre porque, si lo haces, te convertirá en una boya. Por supuesto, la persona te pedirá perdón después, si sobrevives, Pero la gente asustada no piensa en el equipo, en la familia, en la iglesia ni en nadie aparte de en sí mismos. El temor es un elemento peligroso en el que los humanos pueden navegar. La mayoría no sale bien parado.

Como puedes ver, cuando no nos sentimos seguros, es probable que nos hagamos peligrosos al permitir que el temor empiece a dirigir nuestro comportamiento. Imagina lo que ocurre cuando el *líder* está guiado por el temor en el medio que sea. Una mayoría de líderes, no sólo los cristianos, bastante tensos. Lo mismo les ocurre a demasiados padres. Cuando tienen que ir a algún lugar con sus hijos, muchos padres están tensos desde el momento en el que dicen "¡Hora de salir!" Si eres pastor y te estás preparando para el domingo por la mañana, es bastante probable que estés tenso. Si va a ocurrir algo importante, y te importa el resultado, hay una gran posibilidad de que te traigas la *tensión* contigo. Es muy común.

Por supuesto, otra palabra para *tenso* (o estrés, o ansiedad) es *temor*. Y esta es la cuestión – cuando tenemos miedo por dentro, hay más que una buena posibilidad de que estemos permitiendo que ese temor lo estemos esparciendo a nuestro alrededor. Como personas que somos, creyentes o no, somos por naturaleza creativos y espirituales. Somos conductores espirituales y creamos un atmósfera, una realidad, un *espíritu*, por así decirlo, a nuestro alrededor. Si nuestros pensamientos y afectos están envueltos en un espíritu de temor, aunque pensamos que lo estamos escondiendo con bastante éxito, no podemos enmascarar la ansiedad en la que nos estamos permitiendo vivir.

Desafortunadamente, hay demasiada gente que se acostumbra a vivir en un ambiente en el que las personas que están a cargo de la situación están tensas. A la mayoría de nosotros, desde bien pequeños, nos han enseñado que la gente que dirige no es segura y nos puede hacer daño. A veces aprendemos que la gente poderosa nos *hace* daño. Desde nuestra más tierna niñez hasta nuestros más recientes encontronazos con la autoridad, construimos un concepto sobre lo que esperamos de Dios, la figura autoritaria por antonomasia. Si hemos aprendido que la autoridad infunde temor, imagínate lo que hacen nuestras amígdalas durante todo el tiempo que estamos con gente poderosa. ¿Qué es lo que ocasiona esto en el desarrollo de nuestro potencial en Dios? ¿Cómo vamos a llegar a ser personas sanas, libres y saludables cuando vivimos bajo esas circunstancias?

La respuesta es sencilla: no lo conseguiremos. Pero las buenas nuevas es que las condiciones están cambiando. El Cielo, el reino del amor y de la libertad, está invadiendo a la tierra y el amor está confrontando de manera directa al temor que nos ha estado gobernando. El temor y el amor son enemigos. Estos dos espíritus no pueden estar en el mismo lugar a la vez. El amor y el temor son como la luz y las tinieblas... el agua dulce y el agua salada... la bendición y la maldición. Uno de los dos tiene que ganar. El amor echa fuera el temor[6]. El amor no sólo echa fuera el temor sino que trae seguridad y protección y *shalom*. Éste es el fruto que estoy viendo en la atmósfera apostólica. El amor está dejando paz en la vida de las personas. La libertad está creciendo en la adoración y en nuestras relaciones con los demás a medida que la gente está empezando a comprender que: Él es un lugar seguro.

Como indiqué en el primer capítulo, el hecho de crear un lugar seguro es la condición esencial para tener una cultura de avivamiento. El hecho de que los milagros, las señales y los prodigios no sólo han ocurrido alguna vez en nuestro medio sino que siguen ocurriendo desde hace años,

---

[6] Ver I Juan 4:18

resalta el hecho de que algo ha sido establecido – un odre de gente sana y relaciones que manifiestan y llevan el *shalom* del Cielo. Como expliqué en el segundo capítulo, hay un orden para el liderazgo, una estructura, que sostiene el fluir de la realidad celestial de gracia en las vidas de las personas y que facilita los valores fundamentales más íntimos y las verdades que tiene en alta estima el liderazgo apostólico. No es cosa pequeña el hecho de que nuestro líder declare de manera regular la bondad de Dios hacia nosotros. Si los líderes creen que Dios es bueno y que está de buen humor, entonces la gente les seguirá y aprenderá que es cierto.

Si los líderes entienden que su prioridad es hacer de la casa de Dios un lugar seguro, entonces, a medida que la gente encuentra su lugar seguro en el pacto de Dios para con sus vidas y de manera que su potencial, unción y creatividad empiecen a salir a la superficie, habrá cabida para manifestar estas cosas en la iglesia. Si los líderes pueden crear un ambiente en el que la gente se siente amada, segura y libre para ser ellos mismos, entonces empezaremos a cambiar el mundo con el Reino de los Cielos. En ese momento estaremos siendo lo mejor que podemos ser. Ahí será cuando confrontaremos los principados y los poderes que han gobernado este planeta.

Honor y Conflicto

El honor es uno de los principios fundamentales más vitales a la hora de crear un lugar seguro donde la gente puede ser libre. El honor protege el valor que la gente da a aquéllos que son diferentes. Este valor fundamental es algo central en la iglesia apostólica porque, como vimos en el capítulo 2, el patrón del ministerio quíntuple se edifica alrededor del entendimiento, del valor y de hacer hueco para los diferentes dones que descansan y fluyen a través de las diferentes personas. La gente libre no puede vivir junta sin tener honor, al igual que el honor sólo puede ser utilizado con éxito entre personas que tienen un verdadero sentir de cuál es su responsabilidad personal a la hora de preservar la libertad de su entorno. Debemos poder ser nosotros mismos en nuestra vida y en nuestra comunidad.

Como tal vez has visto ya, grandes niveles de libertad pueden generar conflicto, normalmente porque experimentamos que otros viven de forma que hacen que nuestra amígdala reaccione. Sin el valor fundamental del honor, nos damos cuenta de que nuestro desasosiego al estar en contacto con aquéllos que escogen vivir en maneras contrarias a lo que creemos apropiado, nos hace querer dejarles sin libertad. Es típico, por ejemplo, que, cuando un adolescente empieza a explorar su libertad, sus padres empiecen a tener miedo. El temor surge del hecho de que el hijo está escogiendo entre opciones que los padres, bien no hubieran escogido, o bien lo hicieron pero no lo volverían a hacer. La lucha está en ver hasta qué punto el hijo es diferente de sus padres y hasta qué punto los padres pueden hacer que el hijo se parezca a ellos. Cuanto más se aleja el hijo de la manera en la que viven los padres, mayor impulso tendrán los padres de entrometerse y eliminar las opciones que pueda tener el hijo. El resultado es conflicto. Pero cuando el adolescente y los padres se tratan con honor, el cual contiene amor y confianza, el temor no tiene posibilidad de gobernar sus decisiones y la libertad puede ser preservada.

Obviamente, cuando hablo de diferentes maneras de vivir, no estoy diciendo que la inmoralidad o que violar nuestra relación con Dios son opciones válidas para ninguno de nosotros. Pero muchos cristianos no están de acuerdo acerca de cómo se debe vivir. Cuando la gente empieza a caminar en libertad empieza a decir y a hacer cosas que demuestran a todos los que les ven que el conformismo no es una de sus prioridades. Esto choca con mucha de nuestra cultura cristiana. Una vez más, no estoy intentando dar rienda suelta para que la gente sea descortés, despreocupada ni repelente, sino que estoy intentado resaltar que la gente libre no está demasiado interesada en ofrecer una fachada a los demás.

Desde la forma en la que nos vestimos, el estilo de música que escuchamos, si bebemos alcohol o no, o aún si hablamos español o en lenguas, hasta si los dones del Espíritu siguen operando hoy o no, la realidad es que la libertad va a hacer que surjan diferencias y va a causar fricción. Cuando la gente que nos rodea no protege nuestro paradigma, nuestra amígdala entra en funcionamiento. Es así como, muy a menudo, le mostramos a los demás lo peor que tenemos dentro.

Como puedes ver, la cultura de honor facilita que se tenga un lugar seguro a la vez que crea un lugar de gran conflicto. La cuestión es si aprenderemos a utilizar el honor para navegar a lo largo del conflicto cuando éste surja. El conflicto no es malo en sí mismo. De hecho, cuando el conflicto desaparece, la *vida* suele haber desaparecido con él. A veces esperamos que la paz sea la ausencia de conflicto, pero la verdadera paz siempre es el resultado de la victoria. No puedo pensar en una victoria que no empezase con una lucha.

CAPÍTULO SIETE

LA CONFRONTACIÓN DEL REINO

El hermano ofendido es más tenaz que una ciudad fuerte,
Y las contiendas de los hermanos son como cerrojos de alcázar.

Proverbios 18:19

N o puede haber cultura de honor sin que se utilice activamente la confrontación. La habilidad de combinar estos dos elementos relacionales – el honor y la confrontación – es la clave para sustentar un ambiente de gracia. Por favor, presta mucha atención a este capítulo. Te va a ayudar de manera inmensa a la hora de manifestar lo que considero que es tu esperanza.

Pablo escribió de manera extensa a los Gálatas acerca del hecho de que somos un pueblo que ha sido llamado a caminar en libertad y a amar mediante el gobierno interno del Espíritu de Dios. Una vez más, esta idea no es nueva; sólo que parece que nosotros, al igual que los Gálatas, tenemos dificultad a la hora de entenderlo. Hemos cubierto parte de lo que Pablo escribió cuando hablamos sobre por qué no podemos ser castigados, y esta creencia es fundamental cuando caminamos en la confrontación del Reino. Por lo que nos concierne, repasemos la descripción que hizo Pablo de heredero maduro:

> *Pero también digo: Entre tanto que el heredero es niño,*
> *en nada difiere del esclavo, aunque es señor de todo; sino*
> *que está bajo tutores y curadores hasta el tiempo señalado*
> *por el padre. Así también nosotros, cuando éramos niños,*
> *estábamos en esclavitud bajo los rudimentos del mundo.*
> *Pero cuando vino el cumplimiento del tiempo, Dios envió*
> *a su Hijo, nacido de mujer y nacido bajo la ley, para*
> *que redimiese a los que estaban bajo la ley, a fin de que*
> *recibiésemos la adopción de hijos. Y por cuanto sois hijos,*
> *Dios envió a vuestros corazones el Espíritu de su Hijo,*
> *el cual clama: ¡Abba, Padre! Así que ya no eres esclavo,*
> *sino hijo; y si hijo, también heredero de Dios por medio de*
> *Cristo.*[1]

¡Ya no somos esclavos sino hijos! El contexto de nuestra vida ha cambiado, ha pasado de necesitar un guardián y un mayordomo (controles externos) a ser poderosos, hijos libres del Dios vivo[2]. Y se requiere más para operar en la libertad de ser poderosos y ricos que para operar en las limitaciones del esclavo.

Recuerda la película *The Matrix* [3]. En su primer encuentro con Morfeo, Neo escucha, "Eres un esclavo, Neo. Como todos los demás, naciste en esclavitud, naciste en una prisión que no puedes oler, probar ni tocar. Una prisión que está en tu mente". Después le ofrece a Neo ser liberado de esta prisión – la píldora roja. Pero cuando Neo se despierta en el "mundo real", se encuentra en una mesa de operaciones con todo tipo de cables enganchados a él. Morfeo le explica que están reconstruyendo sus músculos, ya que nunca antes los había utilizado. Este es un cuadro

---

[1] Gálatas 4:1-7

[2] Ver Gálatas 3:25-26

[3] Nota de la Traductora: Película cuyo título no se tradujo al español pero que quiere decir "La Matriz" – lenguaje de ordenadores

dramático pero claro de nuestra situación, que nacimos "en esclavitud bajo los elementos de este mundo" para entrar en una vida de libertad.

Siendo esclavos, íbamos por el camino que ofrecía la menor resistencia y no se nos requería ser plenamente responsables de nuestro pensamiento ni de nuestro comportamiento. Nunca llegamos a desarrollar los músculos morales para poder gestionar un número ilimitado de opciones. Pero en el "mundo real" del Reino, no sólo se espera que los hijos y las hijas de Dios sean libres, sino que también entiendan por qué son libres y ejerciten esa libertad para que sirva su propósito – el amor. Como Pablo sigue diciendo:

> *Porque vosotros, hermanos, a libertad fuisteis llamados; solamente que no uséis la libertad como ocasión para la carne, sino servíos por amor los unos a los otros... Digo, pues: Andad en el Espíritu, y no satisfagáis los deseos de la carne.* [4]

La clave de nuestro éxito a la hora de utilizar nuestra libertad está en *andar en el Espíritu*. Por esta razón, si como líderes vamos a equipar a personas que pueden moverse en la libertad, nuestros métodos de liderazgo deben madurar hasta llegar a ministrar al *espíritu* del hombre y no sólo a su *comportamiento*.

Pablo sigue diciendo: "*Hermanos, si alguno fuere sorprendido en alguna falta, vosotros que sois espirituales, restauradle con espíritu de mansedumbre, considerándote a ti mismo, no sea que tú también seas tentado*"[5]. Está dando instrucciones sobre lo que se debe hacer cuando nos cruzamos con alguien que ha caído en un hoyo. En el capítulo anterior, Pablo describe a los que son guiados por el Espíritu y expresan Su carácter (fruto) en sus vidas. Aquí está hablando a "los que sois

[4] Gálatas 5:13,16
[5] Gálatas 6:1

espirituales" – aquéllos que saben cómo manifestar el amor y el carácter de Dios – y declara que tenemos que tratar con esas situaciones en un "espíritu de ternura"[6] – que es uno de los frutos del Espíritu.

También tenemos que ser muy conscientes del precio de juzgar a otras personas. Como enseñó Jesús, el mismo juicio que declaramos sobre el pecado de otra persona, será la medida utilizada para juzgarnos a nosotros. Juzgar a los demás dibuja una diana en nuestras caras que permite al enemigo volverse contra nosotros. "Espíritu de ternura" es una frase importante. Describe de manera específica la actitud del corazón del que está confrontando a alguien. La ternura es el término perfecto para describir la actitud que debemos tener con aquéllos que han cometido errores o que han fracasado de alguna manera. La ternura no quiere decir amable, ni tampoco educado. El corazón de la ternura es la convicción de que "yo no tengo por qué controlarte". Imagina que te acercas a un ciervo para poder acariciarlo. Si el ciervo llega a pensar que lo que quieres es capturarlo, se esfuma. Los que conocemos el corazón de Dios debemos actuar en la realidad de que no vamos a intentar controlar a la persona que se ha metido en problemas. Esta es la principal y más importante faceta a desarrollar. También es la más difícil.

La maestría en la ternura empieza a formarse en nuestro sistema de valores. ¿Creemos que podemos controlar a los demás? Vamos a repasar una manera sencilla en la que comprobarlo. ¿Qué ocurre cuando los demás no te permiten controlarles? ¿Te enfadas? ¿Lo interpretas como falta de honor? ¿Encuentras la forma de justificar el hecho de que les amonestes? Un "sí" en cualquiera de estas preguntas expone que todavía crees la mentira de que puedes o debes controlar a la gente. La confrontación del Reino requiere que te arrepientas de esto y empieces a permitir que los demás sean los que se controlen a sí mismos.

Tenía la esperanza secreta de que el avivamiento eliminaría todos los

---

[6] Nota de la Traductora: en la versión de la Biblia, Reina Valera, la palabra "ternura" es traducida por "mansedumbre".

problemas que me rodeaban y, con el paso del tiempo, esta idea empezó a salir a relucir de manera sigilosa. Un día sentí esta ola de incredulidad que me invadía a causa de los problemas de la gente que me rodeaba – adulterio, abuso de menores, adicciones, mentiras y más. Pensé, "Si Dios verdaderamente está aquí y Su Reino viene, entonces ¿por qué tantas personas siguen destrozando sus vidas?" Esa pregunta me hizo pensar en el Reino de Dios como nunca lo había hecho. ¿Es el Cielo un lugar donde Dios controla todas las elecciones? ¿Qué pasa con el Huerto del Edén? Ese lugar tenía opciones.

Entonces me di cuenta de que en el Cielo también se toman malas decisiones. Tiene que haber malas opciones en el Cielo porque es un lugar libre. Lucifer se encontró tomando una mala decisión. Llevo mucho tiempo oyendo a Bill decir a menudo, "La gracia en una cultura ofrece al pecado que reside en los corazones de las personas la oportunidad de manifestarse". Cuando vivimos en un lugar de amor y aceptación y aplicamos el amor incondicional de Dios el 100% de las veces, el pecado que yace latente en las vidas de las personas, o el pecado que la gente ha estado intentando esconder o con el que han estado luchando, saldrá a relucir y será evidente.

Creo que podemos aprender una lección acerca de la cultura de la gracia observando la evolución que han tenido las granjas de cerdos. Los cerdos son famosos por su desorden y fetidez. Durante siglos, las granjas de cerdos eran los lugares más desagradables que había. Ya que los cerdos no tienen una forma natural para quitarse el calor, los granjeros les ponían una charca para que sus cerdos pudieran refrescarse. Estas charcas, donde los cerdos estaban metidos durante la mayor parte del día, se llenaban de orina y heces porque los cerdos no parecían ser capaces de encontrar el baño. Si alguna vez has estado cerca de una pocilga, conoces el hedor tan poderoso que impregna la zona y que llega tan lejos como lo lleve el viento. En estos lugares, la basura, la enfermedad, las bacterias y la infección se pueden encontrar en grandes cantidades.

Pero recientemente alguien decidió separar a los cerdos de su porquería. En vez de considerar que la porquería era una parte aceptada de lo que conlleva criar cerdos, hoy los granjeros edifican sitios diseñados para protegerlos de todo lo que da asco. En vez de utilizar una charca para refrescar a los cerdos, utilizan agua. Los suelos y los lugares donde viven los cerdos tienen desagües y sistemas de drenaje que se deshacen de la basura secretada por los cerdos. Ahora pueden vivir en un ambiente limpio y ser tan higiénicos como cualquier animal doméstico. Esto era inimaginable hace poco y todavía no es algo que se hace en todas partes; muchos granjeros siguen utilizando los métodos antiguos porque el nuevo sistema es muy caro.

El Padre pagó el precio más alto por crear un nuevo sistema para tratar con la porquería que teníamos a nuestra disposición. Si la humanidad puede encontrar la forma de criar cerdos limpios y está dispuesta a pagar el precio, entonces, con mucha más razón, la sangre de Jesús puede llevar a cabo el deseo del corazón del Padre hacia nosotros. Jesús declaró, "*Ya vosotros estáis limpios por la palabra que os he hablado*"[7]. Estamos limpios.

Por lo tanto, nos vendría bien tener un mecanismo en nuestra cultura cristiana que tratase de manera eficaz con el pecado cuando éste se nos pone delante. Sea por la razón que sea, hemos llegado a esperar que la iglesia fuera el lugar donde no va a haber pecado. Eso no es cierto. Si no sabemos cómo tratar con el pecado, no sabremos cómo tratar con la gente. Inevitablemente creamos una cultura de ley para poder conseguir que la gente no peque. El mensaje de esta cultura es, "Contén tu pecado en tu interior. No me lo enseñes; no sé cómo reaccionar ante él".

Recuerda que esto es lo que creían los fariseos. Tenían fama de temer al pecado, debido en gran medida a que en sus tiempos el único remedio para el pecado era distintos niveles de castigo El temor al castigo gobernaba sus corazones, sus relaciones y su cultura. Jesús, por otra

---

[7] Juan 15:3

parte, era seguido por un grupo de compañeros poco corrientes. Eran los ladrones, los recaudadores de impuestos, los pillos de su tiempo. Comparado con los otros líderes religiosos de aquel entonces, era como "Jesús de las Vegas". No le intimidaban para nada las meteduras de patas de los demás ni que lo hicieran cuando Él estaba cerca. Hasta las personas que estuvieron caminando personalmente con Jesús durante tres años seguían metiendo la pata la noche de Su crucifixión. Pero, al final, su amor y la manera en la que guiaba a la gente les daba poder para elevarse por encima de sus errores y de sus asuntos.

Si vamos a cultivar una cultura de gracia, tenemos que contar con maneras efectivas para tratar con los problemas de las personas. Necesitamos ambientes que quitan de en medio la porquería de la gente en vez de convertirla en parte de su identidad. Nuestros métodos deben quitar la basura, aunque, sin reforzar la expectación de que otras personas nos controlen y viceversa. Como dije antes, nadie nos puede controlar. Tenemos todo un desafío por delante con intentar controlarnos a nosotros mismos. Por lo tanto, también tenemos que tener maneras en las que movernos cuando estamos ante los problemas de otras personas que les sirvan de impulso para seguir adelante. Nuestro poder y nuestra paz cuando estamos con otros, están arraigados en nuestra capacidad de mantener nuestra libertad a través del autocontrol. Sin la prioridad del autocontrol, vivimos en una reacción constante hacia los demás, lo que crea una cultura de culpa y de irresponsabilidad. "Tus asuntos hacen que los míos se enciendan y no sé qué hacer cuando haces eso. ¡Detente! Ahora te voy a culpar por lo que hago. Si tú no haces eso, yo no tendré que hacer esto".

La gente recupera su poder más rápidamente en una cultura donde líderes investidos de poder les guían en libertad y en honor. Una cultura así valora grandemente la confrontación, un valor que se deriva del entendimiento de que el hecho de no limpiar la porquería crea un ambiente tóxico para todos. Sin embargo, quiero describir qué es la confrontación y qué no es, porque hay cierta confusión sobre este asunto y esta confusión ha creado bastantes líos añadidos a los que la mal utilizada confrontación no ha podido solucionar. Voy a mostrar lugares en la Biblia donde esto funciona de manera hermosa. Oro para que de verdad recibas una impartición en tu manera de pensar sobre cómo atajar el tema del pecado en las vidas de los que os rodean y cómo manejarte en las relaciones.

Las Metas de la Confrontación

Primeramente, vamos a identificar las metas. Éstas tienen que estar en tu corazón y son las que deben motivarte al entrar en la confrontación. La confrontación tiene que ver con sacar algo a la luz. Cuando vengo a ti *espíritu de ternura*, he venido a encender las luces para que puedas *ver*. Una vez más, la *ternura* quiere decir que *no tengo por qué controlarte*. No es un intento de forzarte a hacer algo. Es un esfuerzo amoroso para mostrarte, ante tus narices, que tal vez no veas o sepas lo que estás haciendo o cómo estás afectando al mundo que te rodea. La ternura va a ayudar a que la ansiedad se mantenga en un nivel bajo y que el amor sea el que crezca a lo largo de todo el proceso.

Tradicionalmente "confrontación" y "conflicto" son sinónimos. Estas palabras nos hacen surgir ideas de luchas y de heridas. Demasiado a menudo, los heridos son personas que se quieren entre sí. El culpable de estas luchas es el control. Las metas erróneas producen un resultado no deseado. Por lo tanto, es importante identificar y entender las metas correctas de la confrontación:

- Presentar las consecuencias de la situación de manera que sirvan para enseñar y fortalecer.

- Sacar a relucir lo que la gente suele olvidar de sí mismos cuando han fallado.

- Invitar a fortalecer un vínculo en la relación con otra persona.

- Aplicar presión de manera estratégica para poder exponer áreas que necesitan fuerza y gracia.

Permíteme explicarte cómo *presentar las consecuencias de la situación de manera que sirvan para enseñar y fortalecer*. Una vez más, esta meta no puede ser llevada a cabo hasta que hayamos tratado con la idea de que puedo controlar a otras personas. No debo tener intención alguna de que esta persona haga algo. En su lugar, este proceso ayudará a la persona a ver el lío en el que está metido y podrá ver un aliado que le puede ayudar.

En segundo lugar, debo entender que existe una diferencia entre una *consecuencia* y un *castigo* y debo asegurarme que lo que estoy presentando es lo primero. Muchos de nosotros estamos confundidos en este punto porque hemos escuchado que al castigo se le llama disciplina. Todos sabemos que la disciplina es una buena cosa – la Biblia señala de manera clara que el amor y la disciplina están conectados. Desafortunadamente, nuestra –así llamada- disciplina tiene toda la pinta del castigo. Nos ayuda a enmascarar nuestro temor y justifica nuestra necesidad de controlar. Al que recibe ese tipo de disciplina no se le ha investido de ningún poder. El que administra la disciplina requiere absoluta sumisión de parte del que está siendo disciplinado, y justo ahí está la diferencia entre la disciplina que es en realidad castigo y la disciplina a través de las consecuencias. Las consecuencias son diferentes del castigo porque a la persona que ha creado el problema se le inviste de poder para actuar y decidir.

El proceso de confrontación en el Reino es para delegar el poder de resolver el problema, y no para dominar a alguien. Cuando una persona falla y genera una consecuencia en su vida a causa de ese fallo, la confrontación guía a la persona para que recoja su destrozo. Uno de los dichos que tenemos en Bethel es, "Siéntete libre para hacer un destrozo tan grande como el que estés dispuesto a limpiar". Esta no es una declaración de irresponsabilidad. Es, sencillamente, un mensaje para todos de que la responsabilidad personal es un requisito en este ambiente. No se te va a forzar a limpiar tu desorden y nadie podrá limpiarla tan bien como lo puedes hacer tú.

En Bethel, nuestras intervenciones están construidas sobre la expectación de que la gente, motivada por el respeto hacia la relación, responderá haciéndose cargo de sus decisiones y de las consecuencias que éstas acarrean. Esta respuesta sólo es posible cuando la gente sabe que es libre. Son libres para meter la pata hasta el fondo. Sólo entonces pueden decidir limpiar lo que han hecho. Sólo entonces pueden escoger honrar y respetar a su comunidad y a sus relaciones.

Si les quitamos esta opción porque queremos controlar el resultado, les retiramos el poder y creamos víctimas impotente e irresponsables. Las víctimas impotentes nunca poseen nada y nunca cambian sus circunstancias. Por lo tanto, desde el principio, nuestra confrontación debe tener la meta de otorgar poder. Nuestro proceso de confrontación señalará las consecuencias de sus decisiones y ofrecerá fuerza y sabiduría, en vez de control y castigo.

En el primer capítulo de este libro conté la historia de una pareja de nuestros estudiantes en la escuela para el ministerio, ella quedó embarazada durante las vacaciones de verano entre el primer y el segundo curso. Como recordarás, presenté el proceso que seguimos con ellos como ejemplo de cómo llevamos a cabo la gran parte de la confrontación en nuestra cultura. Nuestro equipo y yo teníamos un gran respeto y honra hacia esos dos estudiantes. Nuestra prioridad era proteger nuestra relación con ellos a la vez que les mostrábamos algo que no veían: el problema y sus consecuencias. A lo largo de la situación estábamos buscando y protegiendo las metas ya mencionadas. Sabíamos que el enfrentarles con la realidad iba a traerles gran revelación, sabiduría y entendimiento al ayudarles a solucionar el problema y a limpiar el jaleo que habían armado. También les dimos poder de tal manera que produjo esperanza y gozo, lo cual fortaleció a ambos en medio de la limpieza y al otro lado del proceso.

Nuestro proceso con esta pareja también ayudó a revelar y confirmar sus verdaderas identidades como hijo e hija del Rey de Reyes, y, por lo tanto, cumplimos la siguiente meta de la confrontación: *sacar a la superficie lo que la gente olvida sobre sí misma después de haber fallado*. En una cultura de reglas, la gente no sólo espera ser castigada cuando falla, sino que se siente sobrecogida por el poder de la vergüenza. Dependiendo del tamaño de su error o de la sensibilidad ante el fracaso, la vergüenza se arraiga en los corazones y en las mentes de los que caen. Ahora bien, la vergüenza no es simplemente un sentimiento; es un *espíritu*. Es un espíritu que ataca la identidad de los individuos. Este espíritu miente a la gente y les lleva a creer que su pobre comportamiento verdaderamente está saliendo de quién son en realidad: "No fracasaste; eres un fracaso. No has cometido un error; eres un error".

Nuestros dos estudiantes son personas maravillosas. Cometieron un grave error y siguen siendo personas maravillosas. Queríamos que en nuestra confrontación salieran a relucir las mejores personas que ellos tenían dentro. La vergüenza había decidido envolverles y buscaba su destrucción. Nuestra tarea era sacar lo mejor de ellos a la superficie, y presentarles la realidad de la situación, sabiendo que lo mejor de ellos les llevaría a tomar las mejores decisiones, y convertiría la tragedia en victoria. Ya que empezamos con este objetivo en mente, sólo tendría sentido que les permitiéramos mostrarse ante los demás y que confiásemos en ellos. Si hubiéramos tenido la necesidad de castigarles, habríamos terminado aliándonos con la vergüenza y habríamos requerido de ellos que asumieran una postura desprovista de todo poder para así poder controlarles y para que cumplieran nuestros deseos.

La grandeza que mora en el interior de cada creyente tiene que surgir si es que vamos a representar de verdad a nuestro Padre que está en los

Cielos. Vestirnos con el hábito de la vergüenza y la culpa no solamente no es apropiado para nosotros como hijos e hijas, sino que es una trampa para perder todo el poder. Ahondar y agarrar a nuestra gente por su verdadera identidad, es un acto de amor que perdurará más que el aguijón del fracaso y sus consecuencias. La gente puede ver y pensar cuando su identidad ha sido libre de temor y de vergüenza. Una y otra vez hemos visto la grandeza en aquéllos que han fallado pero se han responsabilizado de su error para convertir el mal en bien. Mientras esto ocurre, vemos como nuestras relaciones de pacto van siendo más fuertes y profundas.

Esta es nuestra siguiente meta en la confrontación, extender *una invitación para fortalecer un vínculo en la relación con la otra persona.* Debemos percibir el proceso de traer un asunto a la luz como una invitación para practicar nuestras relaciones de pacto. Puede parecer que nuestra prioridad es resolver un asunto o cambiar un comportamiento. Pero la realidad es que la confrontación del Reino es una prueba del pacto existente entre dos o más personas y esa relación es siempre la verdadera prioridad. Cuando mantenemos a las demás personas como responsables de cómo nos impactan o a la comunidad que les rodea, exponemos niveles de la confianza que les tenemos. Cuando probamos la conexión entre nosotros mediante la confrontación, aprendemos cual es la verdadera fuerza de nuestro pacto con la otra persona.

Muy a menudo, cuando confrontamos, descubrimos conexiones débiles y frágiles. A veces es vergonzoso el poco valor que la gente otorga a sus relaciones con nosotros. Otras veces, sencillamente la confrontación valida lo que ya pensábamos y esperábamos que estuviera ahí.

La confianza es la clave para el éxito en la confrontación. Sin ella, descubriremos rápidamente nuestras limitaciones. Cuando nos damos cuenta de que la conversación no va bien, lo primero a comprobar es el nivel de confianza. Cuando la confianza es escasa, la ansiedad está por las nubes. Cuando la ansiedad se levanta, nuestra prioridad se convierte en la auto-preservación, que normalmente llevamos a cabo intentando controlar al otro. Si tenemos a alguien delante de nosotros que cree que tiene que protegerse de nosotros, entonces no vamos a poder hablar a su grandeza, sino a sus tácticas de supervivencia. Para tener confianza, la persona a la que confrontemos debe creer que estamos a su favor y que protegeremos sus intereses durante el proceso.

Nuestros estudiantes eran dos completos desconocidos para mí cuando nos reunimos ese día. Antes de la conversación que tuvimos en mi despacho, no habíamos hablado con ninguno de ellos. Estaban poniendo toda la carne en el asador cuando accedieron a venir al despacho de un desconocido – un desconocido que tenía el poder para castigarles, sin ir más lejos. Consciente de su posición tan vulnerable, les di las gracias por confiar en mí. La vergüenza, la ansiedad y la expectación del castigo que iba a venir eran elementos que estaban en nuestra contra desde el comienzo. Les pedí a los líderes de su escuela que estuvieran con nosotros para que yo pudiera "pedir prestada" la confianza que la pareja ya había construido con ellos. Sabía que necesitaba establecer confianza antes de poder aplicar cualquier tipo de presión con la esperanza de encontrar la raíz del problema.

Nuestra meta final es *aplicar presión de manera estratégica para poder exponer áreas que necesitan fortaleza y gracia.* Tenemos que encontrar los "puntos débiles" para empezar a sanarlos. La mejor analogía que tengo para esto de "aplicar presión" me viene de cuando era un joven que trabajaba en una tienda de neumáticos. Una de mis tareas era sacar los neumáticos de los camiones. Subía el camión con un gato hidráulico, le quitaba la rueda, cogía una palanca y separaba la goma del aro metálico y sacaba la cámara desinflada. Conectaba, entonces, la manguera de aire a la válvula de la cámara y la llenaba de aire – con mucho más aire del que la cámara de goma podía contener cuando estaba dentro de la rueda. Cuando la cámara estaba a su máxima capacidad, la llevaba a un tanque lleno de agua y empezaba a sumergir partes de la cámara de goma bajo el agua. Al mantener ciertas secciones bajo el agua le daba vueltas buscando sólo una cosa: burbujas. Estaba intentando encontrar "el punto débil" desde el cual el aire se estaba escapando. En el momento en el que veía de donde salían las burbujas, lo marcaba y empezaba a reparar el pinchazo.

Este proceso sólo funcionaba si la cámara de goma tenía la suficiente presión. El "punto débil" de la cámara nunca se veía si no aplicaba la presión correcta. La presión externa no llega a exponer el "punto débil" de nadie. Gritarle, amenazarle con cortarlo en cachitos, agobiarle o interrogarle no van a ser cosas que me ayuden a encontrar la parte que necesita sanidad. Esta tarea se lleva a cabo desde dentro hacia fuera.

La confrontación es un proceso en el que se aplica presión a la vida de otra persona a propósito para exponer las partes rotas. Tenemos que encontrar estos lugares si es que queremos cambiar los círculos viciosos destructivos en los que frecuentemente vive la gente. No podemos tomar decisiones diferentes y obtener un resultado diferente hasta que sepamos lo que anda mal.

Isaías 1:18 dice, *"Vengan ahora. Vamos a resolver este asunto —dice el Señor—. Aunque sus pecados sean como la escarlata..."*[8]. Aunque tus pecados estén por todas partes de manera descarada, Dios dice, "Podemos arreglarlo". Hay esperanza. Y lo que es aún más importante, Dios dice, *"Ven, vamos a resolver este asunto"*. El palpitar mismo, la naturaleza y el deseo de Dios es que *vengamos*. En estas palabras "resolver este asunto" el Señor nos invita a mirar mutuamente a algo para corregirlo. "Ven, vamos a mirar esto juntos para corregirlo. ¿Ves lo que veo Yo? Espero que sí, porque hasta que no lo veas, lo que te digo no va a tener sentido para ti. Si no ves lo que estoy mirando, todo Mi consejo no va a tener ningún sentido. ¿Ves lo que veo? ¿Puedes oírme?"

---

[8] Isaías 1:18 Nueva Traducción Viviente, por Tyndal House Foundation, 2010

Dios no nos quiere controlar, y no tiene miedo de nuestras "puntos débiles". Sabe que el único momento en el que podemos cambiar es cuando somos libres para cambiar.

Creando Presión Interna

El poder de la confrontación actúa de dentro hacia fuera. No es un trabajo de ventas ni una treta manipuladora para que alguien haga algo. ¡No puede serlo! Tiene que verse genuinamente motivado desde dentro si es que va a durar. Un error común es conseguir que alguien diga algo mágico como, "Lo siento". Si alguna vez has intentado que dos hermanos limpien algún desaguisado que han creado juntos con la orden de, "Dile que lo sientes", entonces sabes de antemano que no va a funcionar. Van a decir lo que sea para salir de la situación y seguir con sus vidas; puedes ver en sus ojos y oír en sus voces que no se han reconciliado para nada después de haber terminado ese ejercicio. Las soluciones para la desconexión en la relación y el daño que acarrea tienen que venir del corazón. Llegar al corazón requiere que haya un proceso que cree presión interna.

Hay un ejemplo brillante de esto mismo en el libro de Job. Job pasó un tiempo difícil en su vida. Sus bien-intencionados amigos vinieron a hacerle compañía e hicieron lo posible para crear presión para Job pero desde fuera. Cada amigo tenía un punto de vista que le daba en forma de disertación. Sus dolorosas conjeturas sobre lo que podía ser el problema tan sólo añadían un sentimiento de impotencia y de dolor a la situación de Job. Aunque sus amigos hacían todo lo que podían para ayudar, sólo empeoraban las cosas con cada uno de los diálogos.

Finalmente, en el capítulo 38, el Señor se presenta. Si alguien tenía una revelación profética o una palabra de conocimiento sobre cuál era exactamente el problema, era Dios mismo. Ciertamente, si alguien podía hacer esto bien, iba a ser el Omnisciente. Pero el que todo lo sabe hizo algo diferente:

Entonces respondió Jehová a Job desde un torbellino, y dijo: ¿Quién es ése que oscurece el consejo con palabras sin sabiduría? Ahora ciñe como varón tus lomos; Yo te preguntaré, y tú me contestarás. [9]

Dios empezó Su intervención en esta situación exhortando a la pandilla de conjeturadores. *"¿Quién es ése que oscurece el consejo con palabras sin sabiduría?"* En esencia, Dios se manifiesta y dice, "¡Silencio! Todo el mundo a callar". Después continuó con el secreto de crear presión interna: *"Yo te preguntaré, y tú me contestarás".* ¡Un genio absoluto!" El proceso de hacer grandes preguntas es el que enciende la máquina de combustión en los humanos.

Es un proceso que evita que las defensas naturales salten como cuando la gente intenta controlarnos. La gente percibe la trampa en las preguntas que se hacen con la intención de controlarles. La mayoría tenemos experiencias con la autoridad en las que intentaba que respondiéramos preguntas de la forma "apropiada". Este proceso de confrontación crea temor y elimina lo que puede ocurrir cuando la gente se siente libre.

Las grandes preguntas dan comienzo al viaje interior que lleva a la gente a tener un encuentro con la verdad. Dios avisa a Job de que este proceso le va a probar hasta lo más íntimo: *"Ciñe como varón tus lomos".* Viniendo del Rey de Gloria, este comentario haría que cualquiera perdiera el control de sus funciones fisiológicas. Pero este es el proceso de la confrontación del Reino.

Hace un tiempo mi esposa y yo fuimos a un rodeo con algunos amigos. Teníamos los mejores asientos del lugar. Está genial esto de tener amigos ricos. Nos sentamos al lado de la cabina donde estaba el comentarista. Podía mirar por la barandilla y ver a los jinetes debajo de donde yo estaba. Observé a uno de estos vaqueros mientras se estiraba. Colocó la pierna sobre la valla como lo haría una bailarina de ballet o un gimnasta.

---

[9] Job 38:1-3

La bota le llegaba por encima de la cabeza. Fue en ese punto cuando me di cuenta de que estos tipos eran atletas. Me imagino que nunca lo había considerado de esta manera. Se estaban preparando como hombres. Sabían lo que estaba a punto de ocurrir. ¡Vaya! Estaban a punto de meterse en el torbellino.

Dios dijo, "¡Allá vamos! Prepárate como hombre. Voy a hacerte preguntas y me las vas a responder. En tu interior hay cosas buenas, Job, y las voy a sacar a la luz". Así es como Dios trata a alguien que ama. Este es el tipo de confrontación que trae libertad. Dios aplicó presión, pero lo hizo en el espíritu de ternura ya que, con Sus preguntas, estaba lanzando claramente el mensaje de que no necesitaba controlar a Job. Protegía la oportunidad para que Job descubriera lo que verdaderamente había en su interior al invitarle a involucrar su voluntad en el proceso.

Una y otra vez vemos a Jesús demostrando este proceso. Preguntó a un hombre que obviamente estaba ciego, que su nombre de pila era Ciego – Ciego Bartimeo – *"¿Qué quieres que te haga?"*[10] y, por supuesto, el Ciego Bartimeo, respondió, *"Que recobre la vista"*. ¿Por qué le hizo el Señor una pregunta tan obvia? O ¿por qué, cuando se acercó al paralítico en el estanque de Betesda que había estado durante 18 años esperando pillar al ángel cuando removiese el agua, le preguntó, "¿Quieres ser sano?[11]" ¿Por qué el Hombre, cuyo ministerio de sanidad tenía un 100% de éxito, se paraba y hacía preguntas que tenían una respuesta aparentemente obvia?

Aquí es donde reside el poder de la presión interna. Jesús sabía y practicaba el hecho de que el hombre había nacido para ser libre. Si no tenemos el poder para escoger, entonces jamás seremos responsables de nuestra decisión. Dios juega de acuerdo con Sus propias reglas y diseño – *honra* la manera en la que nos creó. En Su presencia hay libertad – libertad para pensar, para decidir y para ser dueños de nuestras propias

---

[10] Marcos 10:51
[11] Juan 5:6

vidas.

Jesús se paró e hizo estas preguntas a estos hombres porque hay una *línea*. Una línea de demarcación y representa dónde termina una vida y comienza otra. Si creemos que podemos controlar a los demás o que deberíamos demostrar nuestro gran amor, entonces no hay línea. Tu vida me pertenece cuando quiero algo de ti. Pero si voy a honrar tu vida y tu dominio propio, entonces debe haber una línea donde yo paro y tú empiezas. La práctica de tener límites sanos entre la gente es un tema que se ha discutido en otros libros, por lo que no me meteré en eso aquí. Pero quiero enfatizar el lugar crucial que tienen los límites a la hora de dar poder a otras personas durante una confrontación.

Las grandes preguntas nos sirven para obtener un gran número de beneficios cuando nos embarcamos en una confrontación con miras al éxito. Estos beneficios incluyen las metas de las que ya hemos hablado:

1. Estimulan a ponerse en los zapatos del individuo que tiene el problema.

2. Permiten que la persona tenga la oportunidad de ser el que más piense desde dentro hacia fuera sobre el problema.

3. Ayudan a la persona a sacar de su propia grandeza y exponer esa grandeza durante la confrontación.

4. Recuerdan a la persona las cosas que suele olvidar cuando ha fracasado.

5. Demuestran la relación de pacto existente entre las dos partes.

6. Permiten que el que confronta siga siendo un aliado.

¿Quién es "Confrontable"?

En Génesis 18 hay una gran historia sobre dos amigos. Es la historia de Abraham y Dios. Es un ejemplo absolutamente sorprendente de que Dios es una persona real. No es una perfección cósmica que no me necesita para nada ni me tolera. No es "el Gran Jefe de Arriba" que, o se sale con la Suya o alguien muere. Observa esto:

> *Y los varones se levantaron de allí, y miraron hacia Sodoma; y Abraham iba con ellos acompañándolos. Y Jehová dijo: ¿Encubriré yo a Abraham lo que voy a hacer, habiendo de ser Abraham una nación grande y fuerte, y habiendo de ser benditas en él todas las naciones de la tierra?* [12]

Dios estaba a punto de destruir Sodoma. Pero primero iba a consultar con su amigo Abraham, que tal vez tenía algo que decir. Dios le dijo que el clamor contra Sodoma era grande y que debía hacer algo al respecto. Abraham se quedó sin palabras. ¿Su respuesta?

> *"Y se acercó Abraham y dijo: ¿Destruirás también al justo con el impío?"*

Después Abraham siguió haciendo más preguntas:

> *"Quizá haya cincuenta justos dentro de la ciudad: ¿destruirás también y no perdonarás al lugar por amor a los cincuenta justos que estén dentro de él? Lejos de ti el hacer tal, que hagas morir al justo con el impío, y que sea el justo tratado como el impío; nunca tal hagas. El Juez de toda la tierra, ¿no ha de hacer lo que es justo?"* [13]

Dios se quedó ahí, siendo confrontado por Abraham, y respondió, "Sí, tienes razón. Salvaría a la ciudad si hubiera cincuenta hombres justos".

---

[12] Génesis 18:16-18
[13] Génesis 18;23-25

¡Esto es profundo! ¡Dios es "confrontable"! Es poco común porque nosotros vemos el "liderazgo" como algo inconfrontable. Lo normal es que interpretemos la confrontación con líderes como falta de honor.

En vista de la respuesta de Dios, Abraham continúa. Como si estuviese en una subasta, Abraham iba reduciendo el tamaño del grupo para que Dios tuviera misericordia de la ciudad, "Está bien, 40... 30... 20... 10" Hizo un par de preguntas y aclaró que no quería ser irrespetuoso. Al final, *"Y Jehová se fue, luego que acabó de hablar a Abraham; y Abraham volvió a su lugar."*[14]

Abraham confiaba en Dios y Dios confiaba en Abraham. Si Dios está dispuesto a ser confrontado por el hombre, esta pregunta se hace necesaria: ¿quién está por encima de la confrontación? Un ambiente seguro, o se llena de gente libre y poderosa, o pronto se convertirá en un sitio inseguro controlado por los que piensan que tienen todo el poder.

El Ingrediente Clave es la Confianza

Si tú sabes que te valoro mucho, entonces apreciarás lo que yo tenga que aportarte. Si confías en que lo que más me importa es que te vaya bien, entonces podremos construir una relación de pacto mucho más profunda mediante la confrontación. Si te hueles que no te respeto ni te valoro, te vas a proteger de mi ayuda. El problema común de la dinámica entre padres y adolescentes es que, a medida que el niño se convierte en un joven, puede sentir la falta de respeto que el padre tiene hacia su habilidad de pensar y tomar decisiones. Ya que el adolescente no siente que se está confiando en él, se resiste a la confrontación.

La naturaleza de la confrontación es la verdad. El propósito que hay detrás de crear presión interna es encontrar la verdad, no obtener una confesión. La gente que no puede confiar no va a mostrar a nadie la verdad de lo que está ocurriendo en su interior. Se sienten más seguros

---

[14] Génesis 18:33

guardando su "punto débil" en su interior. Se necesita un lugar seguro para poder exponer una vulnerabilidad, un área que necesita sanidad. Por esta razón, no es tan importante que el que confronta crea que tiene gran autoridad y que deberían fiarse de él como que el que está asustado crea que está siendo cuidado y protegido.

En esencia, una confrontación es un examen. Es un procedimiento en el que uno debe confiar en otro para observar ciertas partes de su vida que tal vez no se entiendan ni se conozcan. Es tan vulnerable como necesaria si esperamos construir vidas sanas y vivir en paz. Me recuerda cuando cumplí 40 años. Ese año me hicieron mi primer verdadero examen médico. Mi doctor me pidió que me desnudara y que me inclinase sobre la camilla. Sabía que esto iba a ocurrir; era sólo que no hallaba la forma de fingir que no iba a suceder como me lo habían dicho. El guante de goma y la sustancia viscosa que había en la bandeja que estaba a mi lado me lo confirmaba. ¡Esto iba a ser invasivo! Por supuesto, la invasión llegó y se fue. Casi no podía mirar al doctor a los ojos. Una risa nerviosa me estaba invadiendo cuando intenté hacer como que no me importaba. "¿Deberíamos contarle a mi esposa lo que acababa de ocurrir?"

La doctora se rió conmigo y después dijo, "Tu próstata está lisa. Eso es bueno. Te vuelvo a ver más o menos en un año".

El rey David lo dijo de esta manera:

> *Examíname, oh Dios, y conoce mi corazón; pruébame*
> *y conoce mis pensamientos; y ve si hay en mí camino de*
> *perversidad, y guíame en el camino eterno.*[15]

Jesús es el Gran Confrontador. No es una coincidencia que no tuviera miedo cuando estaba ante los errores de la gente ni cuando les tenía que confrontar con una invasión de amorosa verdad. Fuera a Sus discípulos, al joven rico o a la mujer samaritana, podía ayudar mejor que nadie a que

---

[15] Salmo 139:23-24

la gente identificase lo que le estaba pasando por debajo de la superficie. Y, a la vez, los niños venían corriendo a Él porque era un "lugar seguro". Los niños identifican de forma natural a las personas que son seguras. Una de las claves de la maestría de Jesús en la confrontación es que Sus contactos con la gente estaban motivados por la compasión. Recuerdo que Bill Johnson dice, "si no te duele confrontar a la otra persona, seguramente tienes una actitud equivocada".

La confrontación y el otorgar poder van unidos de la mano en la cultura de honor y la misericordia, la compasión y la valentía son las cualidades necesarias para mantener un fluir saludable de estos dos elementos en el medio en que te mueves. La confrontación exitosa construye relaciones y fortalece vínculos en ellas, es el estilo de vida que fluye desde tus convicciones y valores internos fundamentales. Cuanto más estableces las metas del Cielo para la confrontación en tu manera de pensar, mejor estarás situado para liberar el Cielo en tus confrontaciones.

CAPÍTULO OCHO

DE LA REVOLUCIÓN A LA REFORMA
Y A LA TRANSFORMACIÓN

Porque la tierra será llena
del conocimiento de la gloria de Jehová,
como las aguas cubren el mar

Habacuc 2:14

Hubo una época en la historia de Estados Unidos en la que ser propietario de otros seres humanos era considerado normal y aceptable. Adoptamos y pasamos a la siguiente generación el punto de vista y la práctica de que la esclavitud era "necesaria" para mantener el comercio y los hogares. Esclavizamos, vendimos, oprimimos y castigamos gente como si fueran animales, porque era algo "normal".

El aspecto más problemático de esta tragedia era que se le consideraba *bíblico*. Tanto el Antiguo como el Nuevo testamento, aparentemente, condonaban y mostraban la bendición de Dios sobre los que tenían esclavos. El apóstol Pablo instruyó a los esclavos para que se sometieran a sus amos[1]. Ni siquiera hizo entrever que fuera una gran injusticia ni una ofensa para el paradigma del Cielo. Jesús no enseñó a Sus discípulos que "liberasen a Su pueblo" e hicieran campaña contra la esclavitud.

---

[1] Ver Efesios 6:5 y Colosenses 3:22

¿O sí? Empezó Su ministerio diciendo que había sido ungido para *"proclamar libertad a los cautivos"* [2]. Después comisionó a todos los que le siguieran a que copiaran Su ejemplo. Esto obliga a que sea cada generación de creyentes la que dilucide cómo llevarlo a cabo. ¿Cómo podemos violar nuestras propias Escrituras, y especialmente nuestras tradiciones, para conducirnos por un lugar más alto de honor y libertad para la gente? Normalmente se requiere una guerra para que esto suceda. Como demuestra la historia de los Estados Unidos, a veces es necesaria una guerra civil.

Harriet Beecher Stowe luchó contra esta cuestión en su libro, *La Cabaña del Tío Tom*. Dijo:

> Escribí esto porque como mujer y madre me sentía oprimida y con el corazón partido a causa de las penurias y las injusticias que veía, porque como cristiana sentía la deshonra del cristianismo – porque como amante de mi país temblaba ante la venida del día de la ira. [3]

Muchos historiadores consideran que *La Cabaña del Tío Tom* fue una influencia muy significativa en los sucesos que llevaron a la Guerra Civil, con la que se abolió la esclavitud en los Estados Unidos. Cuando Abraham Lincoln conoció a Harriet, le dijo, "O sea que tú eres la mujer que escribió el libro que ha causado toda esta guerra..." [4]. Pero el hermano de Stowe y compañero abolicionista, Henry Ward Beecher, le dio el crédito a otro hombre en lo concerniente a la terminación de la esclavitud. Cuando se le preguntó a Beecher después de la Guerra Civil, "¿Quién abolió la esclavitud?", él respondió, "El Reverendo John

[2]   Lucas 4:18

[3]   Joan D. Hedrick, *Harriet Beecher Stowe: a Life* (New York: Oxford University Press, 1994), 205

[4]   Charles Edward Stowe, *Harriet Beecher Stowe: The story of Her life* (Whitefish, MT: Kessinger Publishing, 2005), 203

Rankin y sus hijos"[5].

John Rankin nació en el Condado de Jefferson, Tennessee, y fue criado en un estricto hogar calvinista. En 1800, a los ocho años, su opinión sobre el mundo y su fe se vieron grandemente afectados por dos cosas – los avivamientos del Segundo Gran Despertar que estaba barriendo la región Apalache y la mayor rebelión organizada de esclavos (aunque sin éxito) en la historia de los Estados Unidos, dirigidas por un esclavo, Gabriel Prosser, que fue ejecutado junto con 27 conspiradores. Ann Hagedorn escribe:

> Para Rankin, los sucesos que ocurrieron a sus 8 años tuvieron eco. En su memoria, la historia de un hombre que pierde su vida por buscar la libertad siempre se uniría con muchas noches de manifestaciones en los bosques del este de Tennessee. Llegó el tiempo cuando, después de varios años, Rankin podía echar la mirada atrás y darse cuenta de que las pasiones que se levantaron en él durante el verano de 1800 inspiraron su propio despertar. [6]

Convencido de que el impulso del Evangelio era erradicar la opresión y la esclavitud en particular, Rankin luchó con las porciones de la Escritura que parecían condonar la esclavitud – Escrituras que se enseñaban desde muchos púlpitos en aquellos tiempos. Finalmente solucionó este conflicto determinando que el equilibrio de la Palabra enseñaba que Dios nunca quiso que la humanidad estuviera esclavizada y que era el deber de todo hombre justo buscar los propósitos más elevados de Dios para la humanidad. En un discurso ante una delegación de sociedades que estaban en contra de la esclavitud dijo:

> Las Escrituras representan a todos los hombres como

---

[5] Ann Hagerdrn, *Beyond the River: The Untold Story of the Heroes of the Underground Railroad* (New York: Simon and Schuster, 2004), 274

[6] Hagerdon, *Beyond the River,* 22-23

surgidos de un mismo padre – todos "creados con una sola sangre"... En consecuencia, todos hemos sido creados con la misma libertad. Sean cuales fueren los derechos que el primer hombre tuvo, todos sus hijos deberían tenerlos también. Dios no creó esclavos. Les dio a todos los hombres los mismos derechos originales...

... Que la iglesia universal, como ejército que es del Dios vivo, se levante para ayudar al Señor contra los poderosos; que su voz sea escuchada como la voz de muchas aguas, proclamando la libertad a los cautivos y la apertura de la cárcel a los que están atados – y que se sequen las venenosas fuentes de la muerte y los ríos de angustia dejen de fluir y que el dolor y la pena huyan. La unión en esta gran tarea preparará a la iglesia para levantarse con gloria milenial, cuando la libertad será universal y la canción del amor redentor ascenderá desde cada lengua[7].

La pasión que el corazón de Rankin albergaba cuando era joven le hizo enfrentar grandes peligros de todo tipo, desde el enfado, los huevos podridos arrojados por las inquietas multitudes hasta los periódicos calumniadores y los ataques físicos directos sobre sí mismo, su familia y su propiedad. No sólo no tenía miedo ni era posible detenerlo cuando predicaba el mensaje de la libertad, sino que también vivía lo que decía. Él y su familia gastaban continuamente su tiempo y recursos para ayudar a esclavos fugados para que hallasen su libertad – su hogar y nombre estaba entre los más conocidos del Ferrocarril Subterráneo[8] – y para apoyar a otros abolicionistas en sus esfuerzos por conseguir esto mismo.

[7] Hagerdon, *Beyond the River,* 106

[8] Nota de la Traducción: Se conocía como Ferrocarril Subterráneo (Underground Railroad) a una red clandestina de rutas secretas usadas en el siglo XIX en los EEUU para que los esclavos negros pudieran escapar a territorios libres.

Como Henry Ward Beecher, que observó la heroicidad de Rankin de primera mano, testificó que el mensaje y el ejemplo de este hombre era tan poderoso y llegaba tan lejos que el desmantelamiento de todo un sistema de opresión, un sistema que muchos, hasta los que se oponían a él, creían que era imposible de llevar a cabo, se debía a este hombre.

La vida de John Rankin es la evidencia de que cuando el Cielo toca a la tierra en avivamiento, crea algo en el interior de la persona – una visión de cómo Dios creó el mundo y un clamor por participar en la restauración de todas las cosas, hasta el día "en el que la libertad sea universal". Encontrarse con el Dios vivo y recibir una revelación fresca de Su corazón nos da tanto un hambre mayor por libertad en nuestras vidas como un deseo interno de "liberar a los cautivos". Este apetito nos impulsa más allá de nuestras normas culturales y nos impulsa con una valentía sobrenatural para despreciar la persecución que llevan a cabo los que se aferran al *status quo*. El avivamiento enciende la vida en las personas para ir contra las limitaciones y linderos de la sociedad. Clama a las partes más profundas que hay en la humanidad y grita, "¡Libertad!" de tal manera, que este clamor llega a salir de nuestras bocas. El *avivamiento* impulsa la *revolución* y la revolución inicia la *reforma*.

Es ahí donde estamos como movimiento en nuestra generación. Estamos a las puertas de la reforma. Ya no vamos a tolerar el status quo de una existencia gobernada externamente. No vamos a tolerar que se nos enseñe vivir desprovistos de poder. No vamos a seguir viviendo como siervos y esclavos. La motivación religiosa de la ira de Dios y los ideales de una vida insignificante ya no son opciones puestas a nuestra disposición. Somos hijos del Altísimo. Nos estamos preparando para reinar como nunca antes. Ahora tenemos la confianza de ser poderosos, de vivir una vida abundante en Cristo hasta que los reinos de la tierra se conviertan en el Reino de nuestro Dios.

Tengo el privilegio de dirigir la Escuela de Transformación de Bethel.

Esta escuela da a la gente una idea de la cultura de libertad que estamos construyendo en Bethel. Desde que empezamos a ofrecer este entrenamiento en 2005, más de cien iglesias se han unido a esta aventura de cuatro días para aprender lo que estamos haciendo aquí. Sin excepción, siempre hay algún líder en cada curso que pregunta, "¿Cómo vamos a poder hacer esto en nuestra iglesia?" Si te haces esa pregunta, quiero decirte que no estás solo.

Quiero compartir un testimonio sobre un hombre, un buen amigo mío, que tenía esa misma pregunta. Steve Doerter, un pastor de Carolina del Norte, se involucró en la cultura de Bethel hace un par de años. Empezó a escuchar los mensajes, vino a algunas de las conferencias y empezó a llevar las cosas que estaba aprendiendo a su congregación y a sus líderes. Estas cosas representaban cambios muy significativos para estas personas. Su iglesia tenía raíces bautistas, se había convertido en una iglesia no-denominacional y, bajo el liderazgo de Steve, estaba buscando más libertad y poder del que nunca antes había experimentado. Sin embargo, no había llegado a conocer lo que él había experimentado en Bethel y, por lo tanto, le era difícil entender lo que Steve les contaba.

Se preguntó, *"¿Cómo puedo hacer que esto despegue?"* Al cabo del tiempo, consideró que lo que debía hacer era exponer a sus líderes a lo que él estaba persiguiendo trayéndoles a una conferencia de líderes de Bethel. A esta conferencia sólo se puede asistir por invitación y es para líderes que tienen relación con otros líderes de nuestra red de iglesias. Todos los que van acaban teniendo un tiempo poderoso.

Una noche, durante la conferencia, mi esposa Sheri y yo estábamos sentados en la misma mesa que Steve y su esposa, Joyce, y los líderes de su iglesia. Era un grupo muy amigable pero era obvio que no entendían mucho de lo que estaba ocurriendo a su alrededor. Una de las cosas que ocurre durante esta conferencia es que los estudiantes de nuestra Escuela de Ministerio Sobrenatural sirven las mesas. Estos estudiantes están constantemente "bajo la influencia" del Espíritu Santo y, en esta noche en particular, nuestros camareros estaban cada vez más "borrachos". Estaban felices – súper felices. Por fin, los líderes que venían con Steve dijeron, "¿Qué les pasa?"

Respondí, "Están contentos, y están borrachos".

"¿Están borrachos?" preguntaron.

Se lo expliqué, "La cuestión es que tenemos una persona, su nombre es Georgian Banov, que está en la planta de arriba en otro comedor orando por la gente y me imagino que toda la planta de arriba estará borracha a estas alturas. Deberían subir y verlo. Deberían mirar –lo suficientemente cerca para verlo".

Dijeron, "Nos gustaría hacerlo. Nos gustaría ir al piso de arriba y verlo". Y subieron.

Lo que supe después es que al rato estaban todos por el suelo – antiguos ancianos bautistas amontonados. Cuando volví a ver a estas personas tan distinguidas tenían el pelo revuelto y uno tenía la pernera del pantalón metida dentro del zapato. Fue entonces cuando pude ver que Steve estaba ganando impulso con su grupo de líderes.

Desde que nos visitó su equipo en esa conferencia, han ocurrido varios milagros significativos en su iglesia. Desaparecieron tumores cancerígenos del cuerpo de una mujer. Ha habido milagros financieros, sanidades interiores, liberaciones… todo esto se ha convertido en una parte normal de su experiencia diaria como iglesia. Pero un milagro captó mi atención.

Había un niño de 3 años llamado Pablo al que le habían diagnosticado una enfermedad del desarrollo que se encuentra dentro del espectro del autismo. Estaba tan inquieto que su madre no le podía coger en brazos, ni besarle, ni demostrarle afecto. Se revolvía en sus brazos (o de los de cualquiera) y salía corriendo todo lo rápido que podía. Sólo podía decir oraciones de una palabra. No podía decir su nombre ni su edad, y no tenía concepto alguno de las formas o de los colores. Era tremendamente sensible a la textura de la comida – hasta tal punto que escupía si le daban algún alimento nuevo ya que sólo podía comer una textura cada vez. No le podían sacar de la casa, ni siquiera para comprar, a causa de la escena que montaba cada vez que lo hacían. Cuando se turbaba o estaba nervioso, empezaba a golpearse la cabeza contra el suelo o contra la pared. Era totalmente indiferente ante la gente que le rodeaba y estaba completamente consumido en su propio mundo. Nunca había dormido una noche entera; se solía levantar a las dos o las tres de la mañana y se quedaba despierto durante el resto de la noche. Te puedes imaginar lo cansados que estaban sus padres después de tres años durmiendo así de mal. Tenía un hermano que le tenía miedo. La condición de este hijo había traído un gran desasosiego a esta familia.

El pastor Steve se levantó un domingo por la mañana para dar el mensaje. Al acercarse al púlpito, el Señor le habló audiblemente. Así que cambió su mensaje y lo tituló "Dios es Bueno y Yo lo Recomiendo". Empezó a hablar acerca de la bondad de Dios, de la fidelidad de Dios y del corazón de Dios hacia la gente. No pasó mucho tiempo antes de que empezara a compartir testimonios levantando así la fe que había en la habitación. Al final del mensaje, empezaron a orar por las personas que querían lo que se acababa de profetizar a través de los testimonios. La madre de Pablo salió y varios líderes le impusieron las manos orando por su hijo a través de ella. Empezaron a declarar sanidad y milagros, bajando el Cielo a la situación que tenía en casa.

La madre de Pablo creyó las oraciones y se fue a casa después de la reunión. Llegó tarde esa noche y se levantó por la mañana sin darse cuenta de que, por primera vez en tres años, todos habían dormido durante toda la noche. Se levantó y pensó, "Algo está cambiando". Se dirigió hacia donde estaba su hijo y le preguntó, "¿Cómo te llamas?"

Él contestó, "Pablo".

Preguntó, "¿Cuántos años tienes?"

"Tres".

Las personas que se habían quedado cuidándole mientras ella había estado fuera le empezaron a contar que ese tipo de cambios habían estado ocurriendo desde el día anterior – los milagros empezaron en el momento en que oraron por ella. Meses después, Pablo sigue durmiendo durante toda la noche. No se golpea la cabeza contra las cosas. Dice su nombre, su edad y puede responder al 80% de las preguntas que se le hacen. Los especialistas que trabajaban con él esperaban que sólo se podría comunicar con monosílabos o con señales. Ahora dice oraciones enteras. Sabe diferenciar cuatro colores y sabe el nombre de los demás. Sabe cuál es la diferencia entre un círculo, un cuadrado y un rombo (yo ni siquiera sé lo que es un rombo). Puede contar hasta 20. Ha empezado a cantar. Ha empezado a jugar con otros niños durante cortos períodos de tiempo. Su mamá le llevó a McDonald's y no tuvo ningún problema. Pueden cogerle en brazos y abrazarle y besarle y expresarle su afecto.

La terapeuta que había estado yendo a la casa de la familia para trabajar con Pablo lloraba mientras decía a su madre las cosas de las que ella era testigo. No podía comprender la mejoría tan drástica que había tenido en tan sólo tres semanas. Pero lo que verdaderamente animó a su madre, la razón por la que escribió todo esto, es porque la directora de la escuela a la que iba Pablo salió a recibirla un día con lágrimas en los ojos. Dijo, "Esto no es sino un milagro que ha ocurrido en nuestra ciudad".

Revolucionarios

Quiero mostrarte por qué el Cielo está invadiendo la tierra. Una revolución está teniendo lugar y eres testigos de ello. De hecho, si has llegado hasta aquí en el libro, seguramente ya estás participando en esa revolución.

Eres un revolucionario. Tu compromiso como revolucionario nos va a llevar a nuestra próxima gran reforma en la Iglesia. Estamos en medio de una gran transformación. El Cielo está infiltrando el Cuerpo de Cristo y está sacudiendo la pasión y los corazones de aquéllos que esperan más.

Cada año, durante nuestra conferencia de líderes, preguntamos, "¿Quién viene por primera vez a estas conferencias?" La mitad de los que están en la habitación levantan la mano. Nos sorprende todas las veces. ¿Cómo es posible que todas las veces la mitad de los que están en la habitación sean nuevos? La lista es cada vez más larga y la habitación cada vez más pequeña. Hay un cierto empuje que está teniendo lugar en el que cada vez más personas están oyendo acerca de cómo el Cielo se está infiltrando. Miembros de nuestro equipo van por todas partes a ministrar, la gente nos dice, "El Cielo se está infiltrando, y nuestra ciudad está empezando a enterarse".

Algo poderoso está ocurriendo por todo el mundo y de repente ya no nos sentimos tan peculiares. Las iglesias por todo el mundo están experimentando las mismas cosas que nosotros. Los testimonios sobre la invasión del Cielo son cada vez más comunes. Pero la parte que más nos anima es que estas historias no sólo vienen de África, Asia y Sudamérica. Estas historias proceden de iglesias locales por todos los Estados Unidos. Estamos empezando a sentir que formamos parte de un impulso, parte de un movimiento, parte de una transformación.

Antes de seguir utilizando mucho más la palabra "revolucionario", permíteme darte una definición que he sacado del diccionario:

> **Revolución**: cambio forzoso, dominante y, a menudo, violento de orden político o social llevado a cabo por un segmento de proporciones considerables de la población de un país (Enciclopedia Encarta).

Esta definición pide a gritos que se la asocie con Mateo 11:12, "...*el reino de los cielos sufre violencia, y los violentos lo arrebatan".* A medida de que el Reino sigue adelante en el avivamiento, está derrocando un tipo de gobierno en la iglesia, el desafío forzoso de un orden social al que tantos nos hemos visto confinados a lo largo de nuestra experiencia en la iglesia. Hay formas de hacer las cosas que impiden que el Cielo estalle en la tierra. Pero cada vez más gente en la tierra está diciendo, "¡Basta! ¡Ya hemos aguantado esto demasiado!" Y ha empezado una revolución. Hemos empezado una revolución que nos está llevando a la reforma, y una reforma es sencillamente esto:

> **Reforma**: mejorar (una ley o una institución) mediante la corrección de abusos (Diccionario Farlex).

Las instituciones se forman a causa de lo cómodo y predecible que se convierte el quehacer diario, ya no es necesario pensar, ni arriesgar, ni creer. Se trata de un comportamiento rutinario y hemos sido llevados por nuestra vida cristiana porque así es como siempre lo hemos hecho. Una reforma es algo que viene y dice, "¿Por qué estás haciendo esto? ¿Te das cuenta de que lo que estás haciendo no funciona? Todo lo que has establecido mediante tus tradiciones tiene que cambiar. Ahora bien, ¿qué vas a hacer?" La respuesta es que vamos a tener que crear algo que nunca antes hemos visto. Y cuando la reforma es completa, ésta traer transformación:

> **Transformación**: Un cambio completo o drástico en la forma o apariencia (Encyclopedia.com).

Nuestra transformación demuestra al mundo que es algo totalmente nuevo, algo que no se ha visto antes. Estamos viviendo en un tiempo, en un día, y en un gobierno que nos permite cambiar. Ahora estamos viviendo en una posición y en una relación con nuestra ciudad que es totalmente diferente a la que hemos tenido en el pasado. Sin embargo, debo ser honesto sobre un elemento necesario en esta transformación que puede ser clave para muchas personas. Es corriente que la gente diga, "Queremos cambiar. Queremos que las cosas sean diferentes. Fuimos a una conferencia y las cosas ahora van a cambiar. Compramos el juego completo de vídeos y ahora, amigo mío, las cosas van a cambiar". Sólo les falta un detalle. En su mundo tienen todo un rebaño de vacas sagradas que no quiere moverse.

Hace poco me dejaron el folleto de una iglesia en la puerta de casa. Era de una iglesia del vecindario. El encabezado decía: "No somos como las demás iglesias". Lo abrí porque esperaba que fuera cierto. En la portada estaba la foto del pastor y de su esposa, "el Sr. Ed Jones y señora". Debajo de esa había fotos de otras parejas, "el Sr. Tom Smith y señora, el Sr. Ozzie Wald y señora, el Sr. Harry Chin y señora, el Sr....y señora, etc...." Al leer esto pensé, *hay dos personas en cada una de estas fotos, pero sólo veo un nombre. ¿Dónde está ella? Se ha ido. ¿Sabes qué? Esto no es diferente. De hecho, es lo mismo de siempre. Cuanto más se acerca una mujer a la iglesia, más desaparece. Es un lugar siniestro para la mujer.*

La Iglesia es una de las últimas instituciones de nuestra sociedad que sigue practicando el sexismo libre y "bíblicamente". Por alguna razón, se sigue tolerando que las mujeres sean deshonradas y se les despoje de poder. El panfleto era mentira. La iglesia no era diferente a la mayoría de las iglesias. ¡Vaya! No es difícil *decir* que todo es diferente – "No hacemos las cosas como las demás iglesias, ni como las hizo nuestro abuelito". Sí, pero tiene la misma pinta y el mismo toque. La misma ansiedad y el mismo control siguen ahí. Y terminamos sonando como esos políticos tontos – ya sabes, los que van a traer el "cambio" e inmediatamente instauran más de lo "mismo". Los revolucionarios saben que la transformación viene cuando por fin estamos dispuestos a hacer una barbacoa de "vaca sagrada".

Cambios Gubernamentales

En el capítulo 2 presenté algunos de los cambios de gobierno que son necesarios en las iglesias para que el Cielo fluya hacia la tierra. La transformación ha tenido éxito en Bethel hasta el punto en el que hemos implementado ese nuevo sistema de valores fundamentales y paradigmas. El gobierno que normalmente se puede encontrar en nuestras iglesias y que ha estado ahí durante siglos es lo que denominé un gobierno pastoral, con una directiva pastoral con estos jugadores titulares: pastores, administradores, maestros e incluso evangelistas. Una vez más, donde empiezan los problemas es en las prioridades de este gobierno:

Gobierno Actual: Prioridades Actuales:

Pastores – Gente

Administradores – Cosas

Maestros – Doctrina

Evangelistas – Mensaje de Salvación

La prioridad en un gobierno pastoral es la *gente*. ¿Están seguros, cómodos y felices en el entorno de la iglesia? Necesitamos saber esto porque sabemos que estas personas tienen opciones y si no están contentos en ese entorno, se irán a otro lugar. Podemos actuar como si no nos importase, pero este sistema de gobierno se preocupa de "los traseros que calientan las sillas".

La siguiente prioridad es nuestras *cosas*. En un gobierno pastoral, hay muchas enseñanzas sobre la mayordomía y cómo cuidar de nuestro dinero, nuestro aparcamiento, nuestro edificio y nuestras cosas. Estas son las fuerzas motrices que dirigen nuestra iglesia.

La próxima prioridad es la *doctrina*, que hace que nos centremos en el bien y el mal, la verdad y el error. Esta actitud desarrolla: "Lo que es cierto y verdad es lo que enseñamos, lo que está equivocado es lo que enseñan las otras iglesias de la ciudad que no están de acuerdo con nosotros". Terminamos intentando enseñar a la gente a que se defienda de los demás cristianos, que defiendan sus vidas como creyentes y que defiendan su elección y participación en esta iglesia en particular.

El *evangelio de salvación* es la última prioridad. Que la gente se salve es, normalmente, la única actividad sobrenatural en un entorno pastoral. Sin la presencia de lo sobrenatural, terminamos enseñando a los nuevos conversos, "Eras un pecador, hiciste tu oración y ahora Dios ha derramado gracia sobre tu vida. Tus pecados han sido perdonados, pero sigues siendo un pecador y te estamos observando".

Los valores fundamentales de este entorno surgen desde una cierta unción en el liderazgo con su estructura particular. Por ejemplo, un valor fundamental que se ha propagado libremente entre las congregaciones de nuestra nación: "Dios siempre tiene razón, así que sed como Él. Sed una de las personas más difíciles del planeta con las que hablar. Os hemos enseñado la verdad y no consideréis nada aparte de lo que os hemos enseñado porque tal vez os engañen. Alguien podría explicaros la idea de que lo sobrenatural es una parte del Reino de Dios. Lo "sobrenatural" es siempre algo sospechoso y está lleno de engaño. Sólo el diablo tiene poder sobrenatural en la tierra".

Este tipo de principios crea un ambiente que está centrado en las cosas que se pueden probar y controlar. El ambiente de este tipo de iglesia está extendido por toda la tierra y, estoy seguro de que todos los que están leyendo este libro, están intentando romper con eso. Si estás en un gobierno pastoral, vas a tener problemas si quieres introducir valores fundamentales contrarios a los de ese medio.

Estas prioridades que he mencionado no son malas de la misma manera que la niñez no es mala. Son un cristianismo inferior, por así decirlo.

Pero un sistema que evita de manera eficaz que los creyentes crezcan, crea síntomas enfermizos. La gente no crece como Dios diseñó que crecieran en el medio pastoral porque en lo profundo de su corazón, el gobierno pastoral define a la gente a la que pastorea como pecadores que están trabajando su salvación. Esto quiere decir que no somos dignos de confianza y que, en esencia, somos siervos esperando a que nos den más instrucciones. Nuestras vidas se ven definidas por una lista divina de "cosas por hacer". Con todo lo difícil que puede llegar a ser, estas son algunas de nuestras vacas sagradas que necesitan encontrar su lugar en la "parrilla".

Da miedo decir que la doctrina no es la parte más importante de nuestra relación con Dios. Y hasta sugerir que el mensaje de salvación no está a su altura es casi como herejía. Pero, hasta que no estemos dispuestos a reorganizar nuestra manera de pensar, para ser renovados en nuestras mentes, nuestro ayer seguirá determinando nuestro mañana.

Debemos tener permiso en nuestra iglesia para desafiar a las vacas sagradas de nuestra época, como hizo Jesús. Recuerda, Jesús llegó y confrontó a los judíos, al pueblo de Su tiempo que sabía más acerca de Dios que todos los demás. Se enfrentó con los amoríos que tenían con su propia interpretación de Su Reino. Tristemente, la mayoría le rechazó la invitación a la barbacoa de vaca sagrada y, no debería sorprendernos si algo similar llegase a ocurrir cuando empecemos a hacer lo mismo en nuestra generación. Una vez más, una de las cosas primordiales que debemos confrontar es el temor del orden en la Casa de Dios, y lo hacemos con las Escrituras:

> *Y a unos puso Dios en la iglesia, primeramente apóstoles, luego profetas, lo tercero maestros, luego los que hacen milagros, después los que sanan, los que ayudan, los que administran, los que tienen don de lenguas.* [9]

---

[9] I Corintios 12:28

Todavía no estoy seguro de cómo todo esto se ha pasado por alto durante tantos años en nuestra manera de gobernar la iglesia de Dios. No estoy seguro de cómo lo podía haber escrito más claramente Pablo que con su, "primero... segundo... tercero". ¿Dónde terminó todo eso? ¿Cómo fue que el entorno pastoral llegó a ser el nivel supremo de la iglesia? El "Pastor" ni siquiera está en la lista. Ni siquiera se acerca al cuarto puesto. Por lo tanto, *todas* nuestras vacas deben morir, especialmente aquéllas que están rumiando a plena vista de todos o, aún peor, que están metidas en nuestra sala.

Recuerdo un documental sobre leones que vi en el Discovery Channel[10]. Mostraba a dos leones peleándose en un campo, uno viejo y otro joven. El león joven machacó al viejo y eso quería decir que el viejo se tenía que ir y que el joven se iba a quedar. Era triste ver cómo, en el atardecer del Serengeti, el anterior líder de la manada se iba cojeando. Estaba marcado por las batallas que había mantenido durante años en defensa de su posición, su rostro estaba cubierto de cicatrices. Lo que ocurrió después fue, en mi opinión, tan interesante como bárbaro. Lo primero que hizo el león joven como nuevo líder de la manada fue atacar y matar a todos los cachorros del león viejo. Era impactante ver a este animal tan grande rompiendo los cuellos de la descendencia del anterior líder. Este acto hizo que todas las hembras entrasen en celo para que el nuevo líder pudiera engendrar toda una nueva línea sanguínea – la sangre que llevaría el ADN del león joven.

Yo vi como Bill Johnson hizo eso. Aguanta conmigo un momento. Cuando Bill llegó a Bethel, había un gobierno pastoral que estaba dirigido por un evangelista. Cuando invitaron a Bill a ser entrevistado para el puesto de pastor principal, el consejo de ancianos dijo, "Pensamos que eres nuestro hombre".

Dijo, "Solo vendré si este consejo está al 100% de acuerdo en que

---

[10] Nota de la Traductora: Éste es un canal de televisión donde se ofrecen documentales

venga".

Estaban asombrados. "Nunca hemos tenido un voto unánime para este tipo de asuntos", le dijeron.

Les dijo que no vendría a no ser que fuera unánime. Ese fue el primero de muchos cambios que iban a tener lugar para instaurar este tipo de gobierno. Le volvieron a llamar y dijeron, "Oye, esto es un milagro. Por primera vez en la vida hemos tenido un voto unánime". En ese momento, la iglesia tenía 2.000 miembros. Durante los dos años siguientes, Bill hizo que "creciese" a 1.000. Mientras todo esto ocurría, el gobierno pastoral que había existido durante más de 50 años estaba gimiendo, "¡Ayyyyyyyyy!" Había un nuevo sheriff en la ciudad y se estaba estableciendo un nuevo gobierno. Como resultado, las prioridades iban a cambiar. Estos ancianos se merecen tanto crédito como Bill por esta transformación. Aguantaron durante toda la *revolución* y las bajas de guerra. Aguantaron durante la *reforma* de cómo iban a ser las cosas. Hoy vivimos en esa *transformación*.

El nuevo gobierno que Bill introdujo estaba en línea con lo que Pablo presentó, "Primero apóstoles, después profetas, en tercer lugar maestros..." y, por consiguiente, introdujo una nueva lista de prioridades en el entorno de Bethel:

Nuevo Gobierno: Nuevas Prioridades:

Apóstoles – Cielo

Profetas – Mundo Espiritual

Maestros – Articulando el Reino

Los que Hacen Milagros – Actividad Sobrenatural de los Creyentes

En este gobierno, las prioridades tienen que ver con el Cielo, la presencia de Dios y el anteproyecto del Cielo llevado a cabo en la tierra. Hay un nuevo sistema de valores para la actividad del mundo espiritual, para que los profetas abran los ojos y oídos de los santos, para poder oír el palpitar del Cielo y ser conscientes de lo que está ocurriendo en el tercer Cielo, que va más allá de las estrategias del diablo. Las señales, los milagros y los prodigios hacen que el pueblo de Dios tenga encuentros que cambian de manera radical su forma de vivir en la tierra. Ya no es un entorno de temor y reacción, sino que se trata de establecer conscientemente la arquitectura y el proyecto del Cielo sobre la tierra – de hacer la oración, "Venga Tu Reino, hágase Tu voluntad en la tierra como en el Cielo", una realidad de vida para los creyentes y la comunidad que les rodea.

Repito, el papel del maestro en este nuevo gobierno no es ya intentar edificar una red defensiva para que los creyentes se enfrenten a otros creyentes, ni tampoco para que se enfrenten a las sectas. El trabajo del maestro es ayudar al pueblo a ver el Cielo y a un Dios sobrenatural obrando en la tierra a través de la Escritura. Dan a la gente un contexto escritural para comprender a los apóstoles y a los profetas y sus sistemas de valores. Nos enseñan que estos líderes están diseñando un lugar donde el Cielo sigue siendo la prioridad, donde cualquier cosa puede ocurrir y donde, de hecho, ocurre. Si la gente no entiende lo que está ocurriendo, tendrán miedo e intentarán encontrar un lugar en el que estén en control nuevamente. Los maestros ayudan a que esto se comprenda y así reducen la ansiedad del pueblo de Dios que no les permite entrar en todo lo que tienen a su disposición cuando están en Su presencia.

No quiero repasar el papel de los pastores en un medio apostólico, pero quiero llamar tu atención al siguiente papel que Pablo menciona en esta lista en particular – los que hacen milagros. Creo que "los que hacen milagros" es otra descripción para el papel del evangelista en un gobierno apostólico. Creo que hemos perdido la conexión entre estas dos funciones porque, sin el liderazgo de los apóstoles y de los profetas, los que hacen milagros normalmente no pueden llevar a cabo su trabajo.

Pero en un entorno apostólico, los apóstoles y los profetas atraen lo sobrenatural al medio en el que están y los hacedores de milagros pueden ir libremente apretando todos los botones para ver lo que pasa cuando lo hacen. Traen la prioridad de la actividad sobrenatural al terreno práctico, a la vida cotidiana de los creyentes y a las vidas de los que están en esa comunidad, junto con un alto nivel de protección de esta actividad. Contagian su deseo de arriesgarse y de vivir en lo imposible.

A medida que se establece el nuevo odre del liderazgo apostólico, una nueva ola de evangelismo se liberará a través de los que hacen milagros. Durante el último siglo la Iglesia ha enfatizado la práctica del evangelismo. Personas como D.L. Moody, William Booth y Charles Finney han enseñado a la Iglesia cómo "ganar gente para Cristo". Esta experiencia ha traído a muchos al Reino – muchos creyentes lo mencionan cuando dan su testimonio de salvación. Es algo que la mayoría de los cristianos de hoy en día aprenden a hacer en sus congregaciones locales.

Pero los que hacen milagros están introduciendo una nueva práctica de evangelismo al entorno de la iglesia. Estos radicales de la fe están liberando "encuentros divinos" por donde van, ya sea el lugar de trabajo, la esquina de la calle, el supermercado, el restaurante o el centro comercial. Las sanidades, los milagros, las palabras de conocimiento, el ministerio profético y la revelación celestial están guiando a la gente a Jesús en masa. De donde yo vengo, a estas personas las llamamos "buscadores del tesoro".

Este ministerio revolucionario llamado "búsqueda del tesoro" está barriendo el globo. Kevin Dedmon, autor de *La Suprema Búsqueda del Tesoro*, ha entrenado a miles de personas para hacer esta obra sobrenatural. Dicho en pocas palabras, funciona de la siguiente manera: oran juntos y reciben del Cielo una "lista del tesoro". Esta lista contiene nombres, lugares, colores de ropa, áreas específicas del cuerpo que tienen dolor, enfermedades, situaciones en la vida de las personas, sexo y todo tipo de "pistas". El equipo entonces se adentra en la comunidad para encontrar su "tesoro". En el momento en el que el "buscador del tesoro" encuentra a alguien de la lista, se acerca a la persona y le muestra que está en su "lista del tesoro". En este punto, el "buscador del tesoro" pregunta a esta persona si hay algo por lo que pueda orar. Vez tras vez, el Cielo conmueve a estas personas. ¡Dios se manifiesta en poder! Las señales, los prodigios y los milagros son el continuo testimonio de la búsqueda del tesoro. Nuestra comunidad ha llegado al punto en el que la gente anhela un encuentro con Dios. Un equipo de líderes de otra comunidad vino a la Escuela de Transformación de Bethel y fue a una búsqueda del tesoro con uno de los estudiantes de segundo curso de la Escuela de Ministerio Sobrenatural. Estando en una tienda muy popular de la ciudad, se acercaron a un hombre que encajaba en una de las pistas de la "lista del tesoro". Cuando le dijeron que estaba en la lista y que, por lo tanto, era uno de los tesoros de Dios, exclamó, "Había oído hablar de esto. Siempre he querido ser el tesoro que se tuviese que encontrar".

El hombre recibió animado lo que Dios tenía para él y el equipo siguió en busca de su siguiente tesoro. No hubo discusión alguna sobre la teología, ni amenazas de morir e irse al infierno. Este encuentro fue un sencillo y poderoso recordatorio de que Dios está vivo y que ama a este hombre. Aunque muchas personas entregan sus corazones a Jesús en estos encuentros, no es ésta la meta principal. La prioridad es que los creyentes sean los conductos sobre la tierra para que ocurra lo que hay en el Cielo. Estamos creando oportunidades para que el sello del Cielo se exprese.

Transformando las Ciudades por medio del Honor

Otra prioridad de la misión apostólica es impregnar del Reino la comunidad en vez de pretender que la comunidad venga a nuestra iglesia. Esta prioridad se ve motivada por el honor y una mentalidad de abundancia, la cual nos lleva a buscar maneras de beneficiar a los que nos rodean.

Es maravilloso ver lo que ocurre cuando tienes un millar de estudiantes que van a nuestra comunidad cada semana para hacer evangelismo y búsquedas del tesoro. Pero quiero contarte algo sobre un amigo mío que está viendo cómo el proyecto del Cielo se está desarrollando en su ciudad mexicana. Se llama Ángel Nava. Él y su esposa, Esther, llevan una iglesia y una escuela de ministerio sobrenatural en la parte del sur de Baja California, en una ciudad que se llama La Paz. En 2003 conocieron a otra pareja que acababan de poner patas arriba al mundo cristiano con el que estaban tan familiarizados.

Denny y Danette Taylor fueron enviados desde Bethel para empezar una escuela de ministerio sobrenatural en La Paz. Su primera tarea era encontrar los individuos que Dios estaba invitando para que fuesen los catalizadores para que ocurriera el avivamiento en su ciudad abrazando e imitando lo que nosotros habíamos aprendido en Redding. A lo largo de una serie de circunstancias se encontraron con Ángel y Esther Nava. Los siguientes años se convirtieron en un testimonio de cómo la cultura de honor puede transformar una ciudad.

Recuerdo que la absoluta transformación empezó a ocurrir en esta pareja, que había estado pastoreando una iglesia muy bonita y tranquila durante años antes de conocer a los Taylor. Cuando ella empezó a ver el poder de Dios en acción en una reunión con Bill Johnson y Kris Vallotton, supo que había descubierto la razón por la que vivía. Ángel, por otra parte, tenía miedo de lo sobrenatural y no quería tener nada que ver con ello. Pero el Señor despertó en él curiosidad y, finalmente, le llevó a reconocer que el Cielo estaba intentando invadir su ciudad.

Sin embargo, al reconocerlo se dio cuenta de que si entregaba su corazón al avivamiento, le costaría todo. En primer lugar perdería su relación con sus líderes; los que habían estado supervisando su iglesia desde el paradigma pastoral lo sacarían de sus vidas si daba un giro hacia lo sobrenatural. También sabía que varios de sus amigos pastores más cercanos se irían de un golpe. Sin embargo, él y Esther se propusieron hacer lo que fuera necesario para dar la bienvenida a Dios y al Cielo a La Paz.

Su primer paso fue empezar a apoyar a Denny y Danette en su esfuerzo de instaurar una escuela de ministerio sobrenatural en su ciudad. Al hacerlo, inmediatamente empezaron a ver sanidades y milagros. En el primer año de la escuela, vieron a una mujer resucitar de entre los muertos. Con todo lo nuevo y emocionante que era esto en sus vidas y ministerio, Ángel tenía en su corazón ver una transformación en su ciudad. Devoraba todo lo que encontraba de los maestros de Bethel. Quería entender mejor lo que él necesitaba para que el Cielo fuera bien acogido en México. Empezó a descubrir que Dios estaba de buen humor y que quería que la gente conociera Su amor. También comenzó a creer que su gran ciudad podía experimentar a Dios de una manera más efectiva si él ayudaba a sacar a Jesús de la iglesia para llevarlo a la ciudad.

Pero ¿cómo iba a hacer esto? Todo lo que sabía hasta este momento era ir a la ciudad y traer a la gente a su iglesia. ¿Dónde podía meter a un cuarto de millón de personas? Necesitaba cambiar de estrategia. Necesitaba una manera en la que pudiera ser la "levadura en la masa" de La Paz.

En México se carece de un sistema de donación de sangre que funcione. Hay un funcionario del gobierno que es el responsable de recibir las donaciones de sangre, pero la gente no dona. Es común que los ciudadanos mexicanos tengan que buscarse su propio donante si necesitan una cirugía. Ángel tuvo una idea. Fue al departamento local de donación de sangre y habló con el nuevo director acerca de cómo le iba en su trabajo. Sabiendo que el negocio no era nada bueno, Ángel le hizo ciertas preguntas sobre cómo funcionaba la donación de sangre en La Paz. La semana siguiente compartió con la congregación su nuevo plan para transformar su ciudad: "Vamos a convertirnos en los mayores donantes de sangre de nuestra ciudad. Síganme".

Ángel se convirtió en el líder de la donación de sangre de su ciudad. Los miembros de su congregación donan sangre tres veces al año. Conociendo la naturaleza competitiva de las iglesias, Ángel invitó a otras congregaciones y a sus pastores a que formasen parte de este proyecto. Ahora hay varias iglesias que compiten para ser la que da más sangre cada año. Como resultado de todo esto, La Paz ahora está a la cabeza del estado en lo referente a banco de sangre y el nuevo director del banco de sangre ha recibido un reconocimiento del gobierno por en aumento en donaciones de sangre. Ángel ha hecho que este funcionario quede como un genio. Como resultado, ese hombre quiere que Ángel tenga éxito.

Ángel se lo pasó muy bien llevando a su comunidad de creyentes a un modelo de abundancia en el que se convirtieran en benefactores de su ciudad por medio del servicio y donación de vida. Pero no quería dejarlo ahí. Él y Esther empezaron a ministrar en las aldeas indias en la porción central de México. Empezaron a enseñar a sus gentes a servir a los pobres, a amar a aquéllos que nunca podrían devolverles el favor.

Ahora bien, su iglesia no se parece a las iglesias americanas. Hay pocos recursos y la gente vive modestamente. Ángel enseñó a su gente a dar y a servir de una forma que parecía imposible para la mente natural. Ahora están llevando a su propia gente a nuevos niveles de amor, servicio y sacrificio. Están exportando milagros, sanidades y generosidad a los estados que les rodean.

Siguiendo los instintos de su corazón, Ángel tuvo otra "idea divina" para impactar su ciudad. Sus hijos asisten a una escuela privada católica en La Paz. Esta escuela privada está asociada con un orfanato y el sacerdote de la escuela también está involucrado en el orfanato. Gracias a algunas conversaciones que tuvo con el sacerdote conoció algunas de las necesidades que tenían los huérfanos; y se enteró de que una de sus mayores necesidades eran zapatos nuevos.

Los católicos y los protestantes en México se tratan como perros y gatos. No se llevan bien. No tienen comunión y tampoco parece que se valoren mucho entre sí. Los protestantes sienten antagonismo hacia los católicos y tienen numerosas justificaciones por las que sienten este desdén. Hay una intensa separación entre estos dos campamentos. Pero Ángel regresó a su congregación y compartió con ellos que el orfanato católico necesitaba zapatos. Su iglesia decidió comprar suficientes pares de zapatos nuevos para todos los huérfanos – 70 pares. No compraron zapatos baratos; compraron Nikes. El propietario de una zapatería de la ciudad, que era creyente, se enteró del gesto que iban a hacer y dijo que quería ser parte de esto. Vendió los zapatos a precio de coste.

La iglesia de Ángel se sentía tan emocionada por poder bendecir a los huérfanos católicos que hicieron algo más. Invitaron a los niños a que vinieran a su iglesia un domingo por la mañana para que, como familia, les pudieran dar su regalo. El sacerdote y los niños no sabían lo que iba a hacer la iglesia, pero inesperadamente el sacerdote estuvo de acuerdo en traer a todos sus niños a la Iglesia Protestante Semillas de Vida un domingo por la mañana. ¡Probablemente no había ocurrido jamás una cosa así en la historia de México!

Durante la reunión, la iglesia llevó las cosas a un nivel de extravagancia aún mayor. Querían que esos niños sintieran el honor y el amor que Dios tiene hacia ellos. Algunas familias que Ángel y Esther sabían que no podían comprar zapatos para sus propios hijos reunieron dinero para comprar una bicicleta como regalo para el orfanato. Después pusieron las sillas en una fila al frente de la iglesia, de cara a la congregación, y la gente vino y lavó los pies de los niños y después les pusieron sus zapatos nuevos. Después, los niños de la iglesia de Ángel se pusieron de pie detrás de sus invitados y profetizaron sobre ellos. Las lágrimas corrían libremente por los rostros de la gente que estaba allí. Ángel entonces invitó al sacerdote a que se sentase en una silla. Le lavó los pies delante de toda su iglesia. El sacerdote no se podía creer lo que él y sus niños estaban experimentando. Nadie volvería a ser igual.

La escuela de ministerio en La Paz sigue creciendo y la iglesia sigue construyendo nuevas adiciones para expandir su capacidad. Están formando equipos de sanidad, equipos proféticos, hacedores de milagros y están enseñando a su gente sobre el Cielo y lo sobrenatural. Los estudiantes han empezado a ministrar lo sobrenatural a la congregación. ¡No hay vuelta atrás! Todo esto se está convirtiendo rápidamente en la vida cristiana normal para estas personas. El ministerio hacia la ciudad está fluyendo, y los milagros diarios están ocurriendo en entornos como la escuela, las tiendas y las calles. El Cielo está invadiendo la vida diaria de La Paz.

Ángel y Esther siguen creciendo en su propia fe y carácter. Están aprendiendo acerca del amor y de la intimidad el uno por el otro y por su familia. Están aprendiendo a cultivar libertad y honor como líderes que son. Están liderando creando un lugar seguro para las personas que pensaban que todo en la vida era sobrevivir. Están desafiando a una cultura empobrecida para acceder a los recursos ilimitados del Cielo. Están conectando a los que no tienen poder con el poder, a los que no tienen esperanza con la esperanza y a los cautivos con la libertad. La transformación en la que están viviendo se está convirtiendo en una realidad transformadora para aquéllos que les rodean. Son un catalizador del Cielo.

Más recientemente, Ángel y Esther han llevado la reconciliación entre protestantes y católicos a un nivel histórico. En octubre de 2008 recibí este correo electrónico de Ángel:

> Sólo quería enviarte una nota para compartir cómo nos fue la reunión de anoche – fue un éxito. Unas 3.000 personas se reunieron en la Plaza del Gobierno de La Paz, la mayoría cristianos católicos, pero muchos cristianos protestantes también. Todos nos unimos por primera vez para orar juntos por México. Nunca habían orado juntos los católicos y los protestantes en nuestro país. Al final del evento, levanté mi voz para pedir perdón a los católicos por haber edificado muros en vez de construir puentes. Se oyó una gran ovación cuando abracé al obispo. Pero fue aún más poderoso ver como protestantes y católicos se abrazaban y expresaban perdón y reconciliación.
>
> Uno de los momentos más emotivos para mí fue al final de la reunión cuando mi esposa, Esther, y yo estábamos bajando de la plataforma y me encontré con una multitud de personas que estaban esperando para abrazarme y darme las gracias… todos eran católicos.
>
> Sé que éste es un nuevo día… y que nuevas cosas están a punto de ocurrir aquí.
>
> El avivamiento ha llegado. Estamos haciendo historia.

Semanas después de este evento sin precedente, un sacerdote local informó a Ángel de que su obispo estaba enfermo y en el hospital. Sabía que Ángel, en su ministerio, ve cómo mucha gente es sanada. Le pidió que fuera a visitar al obispo al hospital y soltase el poder de sanidad de Dios que tenía dentro. Ángel se sintió honrado y animado por esta confianza y favor. Ahora está en contacto regular y se relaciona con este obispo y son buenos amigos. Hay una nueva expectación en el aire a causa de la sanidad y la asociación de protestantes y católicos en su ciudad.

Pero el cambio no viene sin coste. Cuando visité a los Nava al mes siguiente, Ángel recibió una llamada de un grupo de pastores protestantes con los que está asociado. El líder del grupo dijo que él y varios otros iban a ir a La Paz la semana siguiente y querían reunirse con él para hablar acerca de su reciente "reunión de oración" con los católicos. El líder dejó claro que no estaban contentos con lo que había hecho. De hecho, hacían el viaje para que se arrepintiese de su error.

El hecho de que Ángel pidiera perdón en público a los católicos fue la parte más humillante y que más les molestó – querían que se retractara de sus comentario y pidiera perdón inmediatamente. Sus propios amigos, sus hermanos en Cristo, estaban enfadados con él por traer sanidad a su comunidad. Esta iba a ser una confrontación y una prueba de su honor los unos por los otros. Después de volver de La Paz, recibí este correo de mi amigo:

> El jueves me reuní con los pastores locales, como te dije que iba a hacer. Fue muy bueno. Vinieron con una buena actitud y espíritu. Nos dijeron las cosas con las que no estaban de acuerdo. El problema es la manera en la que ven a Dios y a la iglesia. La mentalidad religiosa no les permite ver a Dios moverse fuera de "nuestras iglesias". Confronté su mentalidad y no pudieron responder a mis preguntas. Avanzamos, básicamente porque a pesar de nuestras diferencias, al final de la reunión la relación entre ellos y nosotros salió fortalecida.

Pudieron preservar su relación a pesar del desacuerdo. Tal vez éste sea el próximo milagro que veamos en La Paz – líderes cristianos que están en desacuerdo y que siguen honrándose y amándose. La transformación llega a una región cuando los líderes pueden manifestar las prioridades del Cielo, lo cual lleva a la gente a hacer lo mismo. Ángel y Esther están dirigiendo a la ciudad a un período de transformación. Están creando una fuerte impresión e impacto en los oficiales de la ciudad, en la gente de negocios, en los ciudadanos y en otros líderes de iglesias. Ahora están uniendo sus fuerzas con las del alcalde, el gobernador y la policía. Sí, la próxima meta para Ángel es la policía mexicana. *¡Jesús!*

Construyendo una Vasija de Honor

Aquéllos que hemos experimentado el presente avivamiento sabemos los milagros que están ocurriendo. Vemos cómo aumentan cada día por todo el mundo. Ahora debemos construir una vasija que transforme nuestras comunidades, nuestras ciudades y nuestras naciones. El avivamiento global no va a tener un impacto duradero a no ser que veamos los valores fundamentales del Cielo manifestándose en el gobierno de nuestras naciones.

No estoy hablando meramente de elegir a personas que dicen que son creyentes y que van a la iglesia. Estoy hablando de que construyamos un paradigma que invite a que una nación sea salva en un día. Normalmente ponemos en el gobierno a aquéllos que van a proteger lo que más nos importa. Elegimos líderes en esta nación que protegerán nuestra economía, nuestra seguridad y nuestros derechos. El ingrediente clave que falta es un gobierno que proteja las prioridades del Cielo y la presencia de Dios sobre nuestra tierra.

A veces nos gusta creer que estamos haciendo eso en nuestras iglesias, a no ser por una latente realidad: la presencia y el poder de Dios falta en muchas de nuestras iglesias. Por lo tanto, sencillamente estamos creando gobiernos en las iglesias que protegen nuestras preciosas tradiciones y teologías. Lo sobrenatural no se encuentra ni siquiera cerca de la mayoría de las más grandes denominaciones de nuestro país. ¿Cómo de tontos tendrían que ser los incrédulos como para asociarse con la Iglesia para que todo el país quedara tan limitado como lo están la mayoría de las iglesias?

La cultura de honor no tiene que ver con dar a los líderes más control. Espero que haya dejado claro que se trata de deshacerse del control y de cultivar en su lugar el auto-control y la libertad. La Iglesia tiene que liderar el traer más libertad a la tierra. El Cielo está rogando poder invadir la prisión en la que tantas personas viven, ya sea en depresión, en dolor, en enfermedad o en temor. Nuestro papel es eliminar esas cosas de nuestras vidas, nuestros hogares y de las comunidades de la iglesia para que podamos guiar a otros a la paz, al gozo, a la libertad y al amor que hemos encontrado.

Mi oración es que este libro haya despertado tu esperanza para ver que el honor es un factor poderoso para poder aferrarse a lo que el Cielo está derramando sobre nuestra generación. Sin un crecimiento en la práctica del amor, de relaciones llenas de honor que enfatizan la ilimitada libertad y la oportunidad que tienen todos los involucrados, seguramente veremos cómo este avivamiento pasa de largo por nuestras manos para ser reiniciado por otra generación. Se nos ha dado el privilegio de vivir en un momento tan maravilloso de la historia de la humanidad. ¡Honrémoslo!

LECTURAS RECOMENDADAS

Amando a Nuestros Hijos a Propósito por Danny Silk

Cara a Cara con Dios por Bill Johnson

Cuando el Cielo Invade la Tierra por Bill Johnson

De Mendigo a Príncipe por Kris Vallotton y Bill Johnson

El Poder Sobrenatural de una Mente Transformada por Bill Johnson

Fortalecidos en el Señor por Bill Johnson

Revolución Moral por Kris Vallotton

Copias adicionales de este libro y otros libros de la
Danny Silk están disponibles en

www.LovingOnPurpose.com
www.Amazon.com